スキルアップ！キャリアコンサル

ナラティブカウンセリングで最強になる

キャリアコンサルタント資格更新講師
ナラティブキャリアコーチ
堀江 研

みらい PUBLISHING

キャリアコンサルをする上で最も重要な概念

AIで仕事が変わる？

将来が
漠然と不安

早期退職制度に
乗った方がよいかな？

どんな仕事が
向いているの？

今の仕事で
いいのだろうか？

出産・育児の後、
どうなるの？

就職に苦労したの
はなぜ？

他社に行ったら？
っていわれたけど…

定年後どうしよう

希望しない転勤

なんで思った通りに
いかないのだろう？

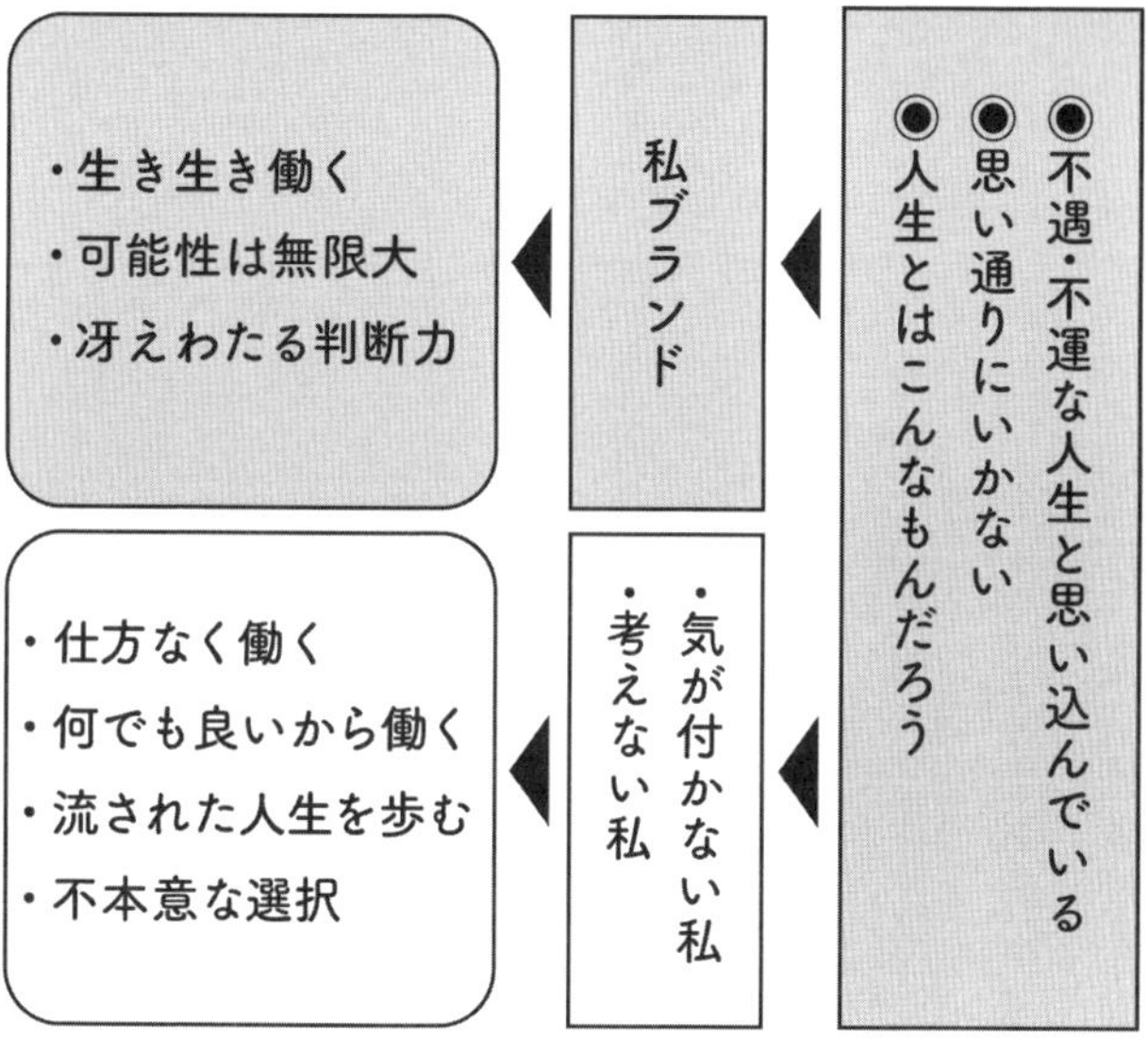

本書ではこの概念に基づき、
後悔しないキャリア選択の導き方を伝えていきます

はじめに

仕事をする上で、大変な時代になってきました。

今までは就職すれば定年まで在籍できて、定年後は年金生活というスタイルが確立できていました。先輩たちを見ていれば自分の将来のイメージが明確でした。だから高校、大学は安定していて福利厚生が良い大企業に入りやすい偏差値の高い学校に入学するために勉強する。今までの「就職」はメンバーシップ型採用でしたので入社後に適性、能力を踏まえて配属が決まり、色々な部署での仕事を経験しながら昇進していきました。年数が経てば収入も増えていき、計画的に安定した生活ができていました。

「終身雇用」「年功序列」といった日本の特徴的な制度だったのです。

ところが、グローバル化や成果主義導入、ＩＴ化などによって今まで50年雇用についてうまく機能してきたシステムが崩れ始めてきたのです。

その後各企業で「早期退職制度」も導入され、いつの間にか先輩たち、つまり自分のモデルとしていた人たちが会社からいなくなってしまうという現実が起きています。

「早期退職制度」は個人のキャリアの多様化により導入されたということですが、高い人件費の調整でもあります。

今後はＡＩやジョブ型採用などが本格的に導入されます。

ある日突然、あなたの仕事はＡＩがやるから別の職種に代わってほしいと言われるのです。あと数年後だと思います。あなたはそのときに「急に言われても困る」と言うでしょうが、待ったなしの選択を余儀なくされるわけです。

ＡＩが導入されたら現在の職種がなくなり、新たな職種が生まれると言われていますが、現実にはまだよくわかりません。

また、ジョブ型採用が今後増えるとも言われていますが、ジョブ型採用はその仕事の対価が給与ですので、基本的には転職しないと給与は上がりません。

将来について全くわからないという認識で将来のために準備をしなければなりません。

仕事をするにあたって、ご自身ができることと不足していることを常に明確にしておくことが必要になってきています。

若い頃から社会環境を見ながら将来どうあるべきか、ご自身の「キャリア」を考えることが将来のためになるのです。

さらに、ご自身の特長を把握しておくべきなのです。いわゆる自分はどのようなことが向いているのか、得意なのか、興味があるのかといったことです。そのことを「私ブランド」と名付けました。

企業など組織は、キャリアセミナーやキャリアコンサルティングなど従業員に対して今後のキャリアについて考えさせ、意識させる機会を作ることが義務付けられました。今後はこのような仕組みがない企業には従業員は不安で人が集まらないということが予想されます。

このように将来が読めない状況において、一番気になっていることが学生も社会人も「①自分自身のことがわからない」「②自分自身のことを表面的にしか語れていない」ということです。

学生も社会人も「今まではこういうことをやってきました」と事実しかお話ししない方がほとんどです。自己紹介も「私は誠実で前向きな性格です」「アルバイトを一生懸命行ってきてコミュニケーションが大事だと学びました」というように表面的な表現に終始しているということです。これではご自身がどのような仕事に向いているのかはわからないでしょう。転職を繰り返すことになるかもしれません。なぜそういう考えや行動をとってきたのかという背景、バックボーンがないのです。

私は母校で学生の就職活動支援を30年以上行っています。また、日々社会人の方々がキャリアについて相談に来られます。それらを踏まえて今後どのようにしたら良いのか、今までの実践を中心に本書にまとめてみました。

テーマは「私ブランド」です。理論的には「自己概念」ということです。「自分とは何者か」を認識することで自信をもってこれからのキャリアを進めていくことができるとわかったからです。

「私ブランド」は自分で考えるには限界があります。自分のことは自分が一番知っているようで知らないことが多いのです。自分自身に問いかけること、向き合うことなのですが、自問自答しても答えが詰まってしまいます。そこから深く入らなくなってきます。

一番大事なのは他者から質問を受けることで、それにより素直に向き合うことができるのです。考えて答えている中でご自身の新たな気付き、発見があるのです。

「そうか。だからこういう行動をとったのか」「あのときの行動が今に至っているのか」「自分の特長がはっきりわかった」というようになる可能性が高くなるのです。

だから、特にこの本を読んでいただきたい方は

・キャリア面談をしている組織の管理職
・国家資格キャリアコンサルタント
・これからキャリアコンサルタントを目指す方

・学校や組織でキャリアに携わっている方
・ハローワーク等キャリア相談をされている方などです。

私は現在、一般財団法人雇用開発センターと株式会社パソナで国家資格キャリアコンサルタント更新講習を担当しており、その内容を中心にまとめてみました。毎回講習の最後に受講者から感想をお聴きしております。皆さん「明日からすぐにやってみたい」と言っていただいています。受講生からいただいた反応の大きさを順位にしてみました。以下、参考にしていただければ幸いです。

第1位　魔法の質問と傾聴
第2位　私ブランド
第3位　ナラティブアプローチ
第4位　行動概念図

第5位　言葉の定義

第6位　キャリアコンサルティングのゴールを決めてみる

皆さんも読後、早速試してみようと思っていただけるよう、構成しました。キャリアコンサルタント、管理職等で面談している人は必ず面談のスキルが向上します。

読後には皆さんの明日が明るく晴れやかな気分になりますように。

目次

はじめに 4

第1章 相談者が抱えている現状と課題 ―「私ブランド」に気づかない理由― 21

(1) そもそも「キャリア」を考えることは必要なのか 22

① 「仕方なく働くか」「何でも良いから働くか」

「生き生きとして自分に合った仕事をするか」 22

VUCAの時代 22

「終身雇用、年功序列はもう無理です」宣言 23

年金だけでは生活が成り立たない 24

年齢人員構成調整 26

40代後半になったら優先順位が毎年変わる可能性がある 29

② 「キャリア自律」するということ 30

会社、学校教育が私を受け身にした 30

管理職だったのに部下がいない 33

役職定年は5年前にどのように考えるかが勝負 34
③「キャリア自律」することによって良いことは何なのか 36
現職でも他社でも必要とされる、通用する人材になる 36
将来の目標に向けて準備ができている 38
「キャリア自律」しないと逆にどのようなことが起こるのだろうか 38
目先のことしか考えないと「流された人生」を送る 38
・定年はまだ先 39
・仕事で精一杯は言い訳 39
「CAN、MUST、WILL」の輪の大きさ自体が気持ちの上で小さくなっている 40
(2) そもそも企業は従業員のキャリア支援をすることが必要なのか 44
① 自分でキャリアを考えるには限界がある 44
② 企業におけるキャリアコンサルティングの実態 45
③ キャリアコンサルティングの課題 47
④ キャリアコンサルティングは難しい 49
(3)「私ブランド」を追求した方が早い、納得、確実 51

（4）5つの「不」がもたらす将来 52
①「不遇・不運な自分」54
②「不明な自分」55
③「自分不在」56
④「不動の自分」57
⑤「不本意な選択」59

第2章 キャリアコンサルティングのやり方 ―「私ブランド」を形成するもの― 61

（1）各キャリア形成プロセスでの課題、面談のポイントの整理 62
① 学生編 63
・課題 63
・キャリアコンサルティングのキーワード 64
・キャリアコンサルティングのポイント 64
② 新入社員編 66

・課題　66
・キャリアコンサルティングのキーワード　67
・キャリアコンサルティングのポイント　68
③ 若手編　68
・課題　69
・キャリアコンサルティングのキーワード　69
・キャリアコンサルティングのポイント　69
④ ミドル編　71
・課題　71
・キャリアコンサルティングのキーワード　72
・キャリアコンサルティングのポイント　72
⑤ シニア編　73
・課題　73
・キャリアコンサルティングのキーワード　76
・キャリアコンサルティングのポイント　76

（2）面談者の陥りやすい罠 77
①答えを出してあげるのがマネジメントか 77
②つい、決めつけてしまっていないか 78
③一問一答で、できていること、できていないことを明確化しようとしていないか 78
④「なぜ」を繰り返すのは良いことか ・79
（3）キャリアコンサルティングのゴールを設定してみる 80
①元気にさせて面談室を退室させる 80
イメージすると人は自律する 81

第3章 ナラティブアプローチ ―「私ブランド」に気が付いていない自分がそこにいる― 85

（1）誰もが使える「ナラティブアプローチ」とは 86
①ナラティブアプローチすると相談者は元気になる 86
②ドミナントストーリーをオルタナティブストーリーに変えていく 88

（2）「私ブランド」はなぜ必要なのか 90
①「私ブランド」は理論的にも証明されている 90
②「私ブランド」を考え始めたきっかけ 91
（3）関係構築に絶対はずせない「傾聴力」 94
①確実に身に着ける方法 94
②知識の蓄積より意識の蓄積 99
（4）「私ブランド」を考える近道は質問力と深掘り力 101
（5）「私ブランド」を導く「魔法の質問」 104
（6）沈黙は怖くない 130
（7）会話の中の繰り返しの言葉はとても重要 132

第4章 「私ブランド」の導き方 ―そうか、これまでの私はこういう人間だったんだ― 135

(1) 学生に対するコンサルティング 136

① 公式を考える 136
② 「私ブランド」の作り方 139
③ 各項目の共通性を考える 140
④ 「私ブランド」は私にまつわるすべてのものである 143

・「伝えるではなく、伝わるが私ブランド」 144
・水泳部「改善することが私ブランド」 150
・「和」が「私ブランド」 151
・「最後が大事」が「私ブランド」 153
・背番号10番が「私ブランド」 154
・レギュラーが「私ブランド」 155
・野球部ショート、2番が「私ブランド」 156
・「私ブランド」はバーレッスン 157

(2) 社会人に対するコンサルティング 158
① 「私ブランド」の作り方 158
② 各項目の共通性・関連性 159
・小学生の頃に職業を決めていた 160
・「自律」が自分のテーマ 162
・私ブランドは「想造力」 168
・戦略的思考法 170
(3) 相手に伝わる表現力3か条 173
① 数値を入れる 173
② 第三者の言葉 174
③ 言葉の定義 174
・「信頼」とは何か 175
・「一生懸命」とは何を聴いているのか 175
・「道」とは何か 177
・コツコツやる人の特性 178
・名前はあなたそのもの 178

第5章 流されない人生を送るために ―「生き生き」働くための第一歩― 181
（1）何事も準備が大事 182
（2）受け身が文化の日本人？ 186
（3）「私ブランド」は的確な判断につながる 190
（4）副業（複業）、ボランティアのすすめ 191
あとがき 199
「私ブランド」を導く「魔法の質問」 204

第１章

相談者が抱えている現状と課題

―「私ブランド」に気づかない理由―

（1）そもそも「キャリア」を考えることは必要なのか

①「仕方なく働くか」「何でも良いから働くか」「生き生きとして自分に合った仕事をするか」

（ア）VUCAの時代

V（Volatility：変動性）、U（Uncertainty：不確実性）
C（Complexity：複雑性）、A（Ambiguity：曖昧性）

これからの世の中は予測不可能な社会になると言われています。戦争が始まったり大災害が毎年のように様々な地で起き、今後いつまたコロナ感染症みたいなものが流行るかもしれません。

企業を見れば今後、合併、倒産、事業撤退、売却など、大企業でさえも今までに想定しなかったことが起きる可能性があります。それらによって経済に多大なる影響が起きて、今までのように入社をしたら安泰ということがなくなってきたので、今までの考えや常識と捉えられていたことが通用しない世の中になってきました。

いつどのようなことが起きるかわからないということを前提としてライフとキャリアを考えていかなければなりません。

(イ)「終身雇用、年功序列はもう無理です」宣言

2019年5月7日当時の経団連の中西宏明会長(日立製作所会長・当時)は定例会見で終身雇用について「制度疲労を起こしている。終身雇用を前提にすることが限界になっている」「雇用維持のために事業を残すべきではない」と話しています。

また、トヨタ自動車豊田章男社長(当時)も「雇用を続ける企業などへのインセンティブがもう少し出てこないと、中々終身雇用を守っていくのは難しい局面に入ってきた」と述べています。

2021年9月9日には経済同友会セミナーでサントリー新浪剛史社長の45歳定年発言がありました。

実は2016年4月から改正職業能力開発促進法は「職業生活の設計とそのための能力開発」の中で働く人一人ひとりが当事者意識と実践の責任を持つことを求め、同時に

組織にその支援の提供を義務付けるようになりました。

つまり、国が個人のキャリアは自分自身でやってくださいと宣言したのです。

改正職業能力開発促進法に伴い、いよいよ経済界のトップも今までの生き方はできませんという宣言をしたということです。大きく世の中が自分の人生は自分で考えよと舵を切ったのです。

（ウ）年金だけでは生活が成り立たない

「ハローワーク求職者で65歳以上のシニア層が急増しており、全体の13％、55歳以上になると求職者全体の1／3となっている。年金だけでは経済的な不安があり、また人口減で労働力不足にシニア人材の活用が期待される」（2024年1月4日・日本経済新聞）とありました。

2022年時点での集計ですが、60歳定年をとっている企業は72・3％、65歳定年企業は21・1％です。まだまだ60歳定年の企業が多数を占めています。

年金受給年齢まで働かないと無給になってしまうということと、年金だけでは生活できないという2つの理由で定年後も働かざるを得ないのが現状です。

60歳定年の企業は50代の半ばの方々を採用するかどうかというと、採用してもあと数年で定年になると採用は中々難しいです。

60歳定年まで勤めあげるという考え方はやり切った感があると思います。しかし、あと数年で定年だから、そろそろ次を考えようと思っても、他社も60歳定年がまだまだ多いのでどの企業もシニア対策に悩んでいるのが実態です。色々な条件で希望職種が制限されるということも事実です。早いうちに将来のことを考えることが必要です。

よく考えた結果として再雇用を選択する、転職する、趣味を行う、ボランティアに専念するなど結果はどうあれ早いうちに可能性を探っておくことをお勧めします。

定年間際で、さて次に何をしようかと考え始めると、「どうせ年金の補完的な意味合いだから仕事は何でもよい」「60歳を過ぎてそんなにガムシャラに働かなくてもよい」「退職金も入り、借金もないから年金受給までのつなぎだ」となりがちです。

今後は年金だけでは暮らしていくのに心もとないので、あまり乗り気ではないけど働かざるを得ないという思いで働くか、ご自身のやりたい仕事について生き生きと暮らすかです。

それでも実際に働いてみるとやりがいを感じることもあります。どのような仕事でも実際にやってみないとわかりません。

年齢が年齢だからとか、時間がなかったからとか「不本意な選択」にならないようにしておきたいものです。

（エ）年齢人員構成調整

いつまでも売上げが右肩上がりではない現在では人件費をいかに調整するかが各企業の課題となっています。特に大企業については毎年大量採用をしてきました。

年齢別にみるとその企業にとっては人員の調整を図ってスリム化したいということもあると思います。

今や事業部によっては撤退、あるいは合併など組織が何度も再編されてきており、管理職ポストが減少してきて、管理職からはずれた人をどのように処遇するか悩んでいます。

入社してから同じ名前の企業で定年退職を迎えるという人は少なくなってきていると思います。

人員数の調整をしたくても会社は従業員をむやみに辞めさせることはできませんの

で、50歳前後になると早期退職制度が設けられたり、管理職には役職定年が導入されています。

今後の働き方は自由ですと、色々なメニューを設けています。

企業としては「選択するのはご自身です。いかがされますか。早期退職の場合は条件（退職金プラスα等）はこれこれです」と従業員にボールを投げます。初めてそこで今後のことを考える人が多いと思います。お金に関しては面積で考える必要があります。

定年後再雇用を○年した場合の合計と今、辞めて退職金プラスαと今後どのくらい年収があれば損益分岐点を超えることができるのか。

ほとんどの人はお金に関することで判断するのではないでしょうか。勿論、経済的なことは重要です。

しかし自分に合った仕事は何かまでは中々考えることは少ないのです。

ほとんどの方はその仕事ができるかどうか、それと年収がマッチしているかどうかで判断します。

しかも早期退職の募集が発表されて1週間から1か月で退職するか残るかを決めなければならないことが多いようです。つまり、考える時間がないまま、判断するということとです。

また、定年までたどり着いた方は80％以上が再雇用を選択している企業が多いです。同じ仕事のまま、給与を3割～5割減らします。会社は希望者には65歳まで雇用する義務があります。また現在は努力義務ですが、上限が70歳までとなりました。あと数年すれば希望者は全員70歳まで働くことが可能です。60歳定年から10年間どうするのかです。企業によっては体力を使う仕事をさせたり、細かい仕事をさせたり、おそらく10年働くことは困難な仕事を要求することもあります。「他に仕事はないのですか」と聞いても「他にはありません。希望と合わなければ他社へ行くことも考えてはいかがでしょうか」となります。つまり、1年契約の更新ですが、65歳、70歳には到達せずに退職になるケースがでてきています。

企業は今まで経験がない職種（よほどのことがない限り）でも雇用すればよいとされています。人員不足になることもあるので柔軟な制度にしていますが、現状は雇用調整を促進しているということです。

今後はＡＩが導入されて雇用も大きく変化することになると思います。

人生最後の仕事として「仕方なく働く」「何でも良いから働く」「生き生きとして働く」

どれを選択しますか。

（オ）40代後半になったら優先順位が毎年変わる可能性がある

40歳代後半になったら左記の４つのことの優先順位が毎年のように変わってきます。

・仕事等「やりがい」を優先順位１番にする人もいるでしょう。何をもって「やりがい」と定義するのかを考える必要があります。

・まだ子供の教育費、住宅ローンが残っていて経済的なことを優先の条件とする人もいると思います。

・家族の中に要介護、看護が必要という方もいると思います。この場合、そのときから仕事は制限されます。

・自身の健康をできる限り害さないことが重要です。毎月飲んでいるクスリはすべてコストになります。当然仕事も制限されます。

２０１６年の健康寿命は女性74・49歳、男性72・14歳となっています。

この４項目で自分である程度コントロールできるのはご自身の健康です。

生活習慣病は意識して気をつけることが大事になってきます。
可能な限り健康寿命を延ばすような対策が50歳代になったら最も重要です。

②「キャリア自律」するということ

ほとんどの従業員は「会社がすべてやってくれる」「労働組合が雇用を守ってくれる」など、どこか受動的になっている人が多いと思います。

(ア) 会社、学校教育が私を受け身にした

昭和の高度成長時代、長年にわたり企業は何をすれば成果が出るかある程度わかっていました。だから画一的に売れる仕組み、人を育てる仕組みが確立されていたと言えます。

学校の教育も同様です。以前、日本経済新聞に「日本の教育は試験の際に答えがわかるところから解いていくように指導されている。つまりむずかしいことは行わないで答えがはっきりわかったところから手掛けようとする。だから社会に出てからもわからないことは後回しになる」というような記事が出ていました。

入社後一斉に研修を行い、役職が上がるごとに教育を強制的に実施し、異動について文句はいうものの、会社の指示に従わざるを得ないわけです。

つまり、入社したらすべて会社がやってくれることが身に沁みついてしまっているということです。学校教育から企業に至るまで長年にわたって受け身教育ができ上がってきたのです。

ここ10年くらい企業によっては「キャリアセミナー」「キャリアコンサルティング制度」「自己啓発（Eラーニング受講、外部勉強会、講演会等）経済的支援」などをしています。

一から十まですべて企業がこうしなさいということは無いということです。自分の将来ですから自分で考えなさい。そのメニューはこれですと今までとは真逆の考え方となりました。頭を早く切り替えることです。

会社が求める人材は「自律人材」「とんがった人材」などと言いますが実際にはそのような人材は組織に合わないと転出されてしまうのが現状でした。

長年の経験で「会社の方針通り」「会社の言う通り」「自分のできる範囲の中で」ということが一番良い方法と身についてしまっているのではないでしょうか。文句は色々あるけど会社の言う通りにしていたら定年後も何とか暮らせるようになるということを先輩を見て知っているわけです。明確にモデルがいたわけです。

定年後の自分は常に先輩を見て自分も同じようになるのだと、それ以外はないと思い込んでしまうのではないでしょうか。それが一番楽で幸せな方法と考えええていたわけです。

今や定年までたどり着かなくなってきたのです。50代でリストラにあったらどうしますか。子供の教育、住宅ローンのある方は今30代、40代でも50代にどうなるかはわからないのです。

モデルにしている人が定年を前に会社を去る場面が増えてきています。

さて、どういう準備をされますか。

仕事を進める上で大切にしていることは何か。考え方や行動に何か特徴はないだろうか。どのような価値観をもって日々活動しているのだろうか。

相談者の多くはこれらのことを意識して仕事をしている人が少ないです。この仕事は嫌いだ、私には合わないと文句を言うのではなく、何故嫌いなのか、何故合わないと感じるのか。どのような仕事が向いていると感じているのか。現在の職務の専門性は汎用性が高いのか、考えてみてください。

相談者の多くは退職してから次を考える人が多いです。つまり、前職で自身を総括していないから今後の方向性が見えていないのではないでしょうか。若いときから自身のエビデンスを持たせることが本当に重要であると多くの人を見ていて考えるところです。

(イ) 管理職だったのに部下がいない

昨今は管理職のポストが組織の合併や撤退等で減少しています。

今までは年功序列でしたからある程度年齢がきたら順番で昇進、もしくは給与が上がっていきました。

昨今コンプライアンスが強化されて、大企業では実務の範囲が狭く、職務内容と共に責任も明確になりました。つまり、今まで管理職だった人がポスト削減により役職は部長、課長ですが部下はおらず、一人でその仕事を行うことになるケースが増えてきました。役割範囲は以前より狭く小さくなったわけです。

はずされたと考える人もいればチャンスと考える人もいます。チャンスと考える人は専門性を高める可能性があります。

中小企業は逆に役割範囲は広いです。あれもこれもできる人というニーズがあります。大企業出身者が中小企業に転職する際には「自分にそこまでできるだろうか」という不安がでてきます。謙虚にそれもやってみようという意欲が最後は大事なのだろうと思います。結局は「覚悟」です。

また、実務に関連している資格を取得することで武器となります。

資格は実務とセットが一番強いです。その人の力量基準が明確になり、客観視できるからです。

実務はやったことがないけど再就職のために資格を取ってみたという人は採用する側はあまり興味をもちません。実務経験がなく、即戦力にならないからです。

（ウ）役職定年は5年前にどのように考えるかが勝負

管理職として頑張っていた人も50歳半ばで役職を解かれる企業もあります。「仕方がない」と思う人と、「もう少し何かできないだろうか」と考える人がいます。

役職定年になったときにどのように考えるかです。もっと言えば役職定年は制度で決まっているわけですからその5年10年前にどのように考えていたかによって変わってくると思います。

考えさせるチャンスを企業は作る必要があります。ほとんどの人はそのときになってもしかしたら自分だけ続けることができるかもしれないと淡い期待を持つ人もいるかもしれません。考えるきっかけがないままに役職定年になる人も多いです。

これまでご説明してきた通り、現在在籍している会社に依存しているだけでは生きていくことができないかもしれないと感じられたと思います。

自分で自分の人生を切り開くことが必要になってきたわけです。

今後どのような社会になるか、混沌とした社会の中で自分のキャリアの見込みを早いうちから自身で立てることが必要になってきたわけです。これを「キャリア自律」というわけです。

自分のキャリアの見込みを立てる際に

「現在在籍している組織で何を実現したいか」ということを自問自答します。

「それが実現できたらどのような良いことがあるのですか」とさらに自問自答してみて

ください。

「それができたらいいなあ」と考えるか「絶対やってみたい」と考えるか、そこは大きな差になっています。

「絶対成し遂げたい」というのであれば、その場に出かけて確認したり、情報収集したり、何か行動を起こします。

「それができたらいいなあ」という人はそこから進むことはありません。その状態のまま定年に近づいていくことになります。この1か月はやりたいことの情報収集をしようとか、期限を区切って活動することが大事です。

③「キャリア自律」することによって良いことは何なのか

（ア）現職でも他社でも必要とされる、通用する人材になる

厚生労働省の令和4年度「労働経済の分析」の中で「キャリアコンサルティングや自己啓発は、転職の有無にかかわらず、広く労働者の自律的なキャリア形成意識の向上に資するものである。キャリア形成意識が高まった結果、労働者が企業内でキャリア形成をしていくことを選択した場合であっても、キャリアの展望に基づき目的意識をもって積極的に日々の業務や自己啓発に取り組むことができれば、企業や社会全体の生産性の向上につながることが期待される」とあります。

例えばキャリアセミナーに参加した方は「現在地」が明確になっている方が多いです。過去からの延長線上に現在があるわけです。将来さらにその延長に歩んでいくのか、キャリアチェンジするのか、常に現在を見て考えていきます。将来の目標が明確になれば、もしかしたら専門性をさらに高めるために国家資格を取得するかもしれません。武器を携えて強力化しようと考え、実践する人もいます。

また、その都度できていることを明確にしていきますので成長実感を味わうことができます。定年まで残り5年間にこのことをやり遂げたいとか、あと3年以内にこれを身に着けたいとか、目標が明確な方が多いです。

つまり、将来に向けて、どこの企業でも通用するスキルを身に着けるよう意識して努力し始めるということです。

（イ）将来の目標に向けて準備ができている

「現在地」が明確であると、できていないこと、不足していることも明確になります。何を成し遂げたいのか、そのために不足していることをいつまでにどのように解決するのかが明確になります。

今や定年まで、入社した企業に勤め続ける人の割合は男性で32%、女性は6・5%（リクルートワークス研究所「全国就業実態パネル調査２０１７」）だそうです。新入社員に至っては定年まで働くと答えた人は16・6%（マイナビ２０２１年）です。そうであるならばなおさら「現在地」を意識してどこに向かって歩いているのか、歩いていくのかを認識しなければなりません。

「自律人材」に課題を持たれている企業は多いですが、まさに「キャリア自律」させることとイコールなのです。

④「キャリア自律」しないと逆にどのようなことが起こるのだろうか

（ア）目先のことしか考えないと「流された人生」を送る

（a）定年はまだ先

30代、40代の方々については定年はまだ随分先のことと考えてしまいます。

しかし、今回のようなコロナ感染症の影響などで職を失う方も多くいます。そのとき、年齢は関係ありません。

今後もいつ何時急な変化をもたらされることが起こるかもしれません。常に考えておくことが大事なのです。

今までの環境とは全く違うということです。

（b）仕事で精一杯は言い訳

「目先の仕事で精一杯で自分のキャリアのことなんて考える時間がない」と言う人もいるでしょう。しかし、昨今残業も減り、有給休暇も取れます。在宅勤務も多くなり、通勤時間はゼロになった人もいます。

仕事に精一杯で将来のことを考える余裕がありませんと言うのは単なる言い訳になってしまいます。これを続けていくとあっという間に定年に近づいていきます。ご自身のことですから、是非有効に時間を使って考えることが大事です。

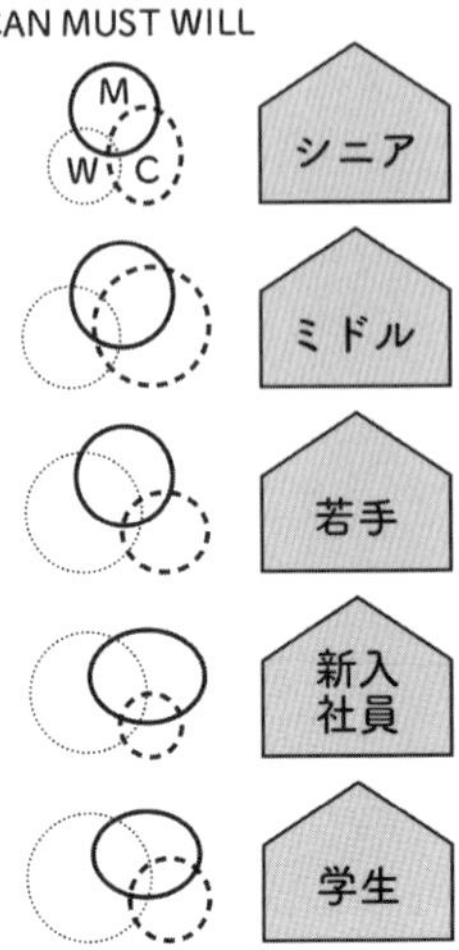

（イ）「CAN、MUST、WILL」の輪の大きさ自体が気持ちの上で小さくなっている。（図①）

キャリアを考える上で「CAN、MUST、WILL」はよく出てきます。CAN（何ができるのか）MUST（世の中のニーズは何か、役割は何か）WILL（何がしたいのか）

それぞれの円の輪が重なっているものがその人にとって大事だと言われています。

この輪の大きさ自体が年齢を重ねていくうちに、実際にスキル自体が小さくなっているのではないのですが、ご本人の気持ちが小さくなっていくように感じました。

（a）学生、新入社員

入社後は自身に対する期待「WILL」、会社からの期待「MUST」はとても大きいと思います。実績「CAN」はまだないので小さい輪となります。しかし今後「CAN」

の大きさは無限大です。

（b）若手社員

入社後5年～10年くらいになると仕事もわかってきてすべての輪が大きくなります。特に自身が今後花形の部署に行ってこういう実績をだしているというイメージも大きくもつようになるでしょう。役職も上がっていきます。

（c）ミドル社員

会社からの期待も大きく、実務も実績もある人を管理職に任命します。ここからはマネジメントが中心になる人と専門性を極める人とわかれます。マネジメントの人は実務はメンバーが行い、ご自身は実務から離れていく人が多くなります。ここから徐々に「CAN」が小さくなり始めます。実務もシステムが進化し、自身がしていた頃と内容が変わってきます。会社からはマネジメント中心として業績向上を期待されます。

しかし、定年後にマネジメントのニーズはそんなに多くはありません。

管理職を10年やっていたから定年後もどこかの管理職で声がかかるだろうというのは

可能性としては高くはありません。

この10年は大事です。会社ではマネジメントをしっかりしなければなりませんが、その後のことを考えると専門性をいかに磨くかがカギになるわけです。

そうでなければこの10年間に人脈を広げて「是非うちの会社に管理職として来てくれないか」と言ってもらえるように行動することです。

（d）シニア社員

先が見え始めます。会社からも定年間近ということで役職定年など、仕事の役割に変化が出てきます。会社からは「あと数年で定年になりますけど、どうされますか」という問いかけが始まります。会社の対応が現実的になってくると、いわゆる「WILL」と「MUST」が気持ちの上で小さくなり始めます。「CAN」も実務をやってこられなかった方は自信がなくなってきます。「別に何ができるわけでもないし、どのようなことがしたいと聞かれても特にないなあ」という発言になります。

いつも、もったいないなあと感じます。

ご自身を振り返る機会があり、「自分とは何者か」を考え、価値観や得意なこと、ご自身の特徴などを認識していれば次にどうしたいかを考えると思います。

他社へ就職して人間関係を一からやらなければならないし、ストレスも大きいと考えると再雇用を選択する人が多いのはとてもよくわかります。今までの延長が一番無難だと落ち着くわけです。

今後のこと、今までのことをよく考えた上での決断であればよいと思います。積極的選択ではなく、どちらかというと消極的選択をすると、「不本意な選択」になります。

準備として45歳半ばから「これでよいのか」を自問してみることです。

すべて納得して選択することを心がけることで自己肯定感も上がっていきます。

将来の自分を考えるきっかけを企業は作るべきです。

（2）そもそも企業は従業員のキャリア支援をすることが必要なのか

①自分でキャリアを考えるには限界がある

「キャリア自律」しなければならないと言っても自身のことを自分と向き合うには限界があります。

視野が狭くなり、行き詰まってしまいます。その時点で思考がストップしてしまいます。

そこで他者からの質問を受けることによって頭の中が整理され、自分自身の価値観や目標を再確認することによって新たな自分を発見することができる可能性があります。

また、「将来何がしたいですか？」「どのようなことができますか？」と聞かれても多くの人は言葉に詰まってしまいます。

「何がしたいと言われても…」「何ができるのかと言われても…」

「自己実現するにあたってどのような働き方をしたいのですか」ワークライフバランスを考える人もいるでしょう。ガムシャラに仕事第一という人もいるでしょう。

「実現するためにはどのようなことが必要でしょう」

今のこの企業で目指すポジションになるにはこのような条件があるとか、制度はこのようになっているとか、従業員に対して会社がキャリア形成に対する情報を提示する必要があります。

つまり、会社と従業員が協力してキャリア形成に関する情報を共有し、従業員のキャリア意識を高めることが重要です。

②企業におけるキャリアコンサルティングの実態

厚生労働省の令和4年「能力開発基本調査」を参考にしてみましょう。

（注）「キャリアコンサルティングとは 職業能力開発促進法（昭和44年法律第64号）第2条第5項に規定するキャリアコンサルティング（労働者の職業の選択、職業生活設計又は職業能力の開発及び向上 に関する相談に応じ、助言及び指導を行うこと）をいう」

●キャリアコンサルティングを行う仕組みを導入している事業所は45・3％

●キャリアコンサルティングを行った効果は「労働者の仕事への意欲が高まった」（正社員45・4％正社員以外45・2％）「自己啓発する労働者が増えた」（正社員36％正社員以外33・3％）と記されています。

また、令和3年度中にキャリアコンサルティングを受けた者は「労働者全体」では10・5％。1割しかいません。

キャリアに関する相談をする主な組織・機関については

「職場の上司・管理者」（正社員（76・8％、正社員以外65・6％）

「企業内の人事部以外の組織またはキャリアに関する専門家（キャリアコンサルタント等）」（正社員6・9％、正社員以外9・9％）

「企業外の機関等（再就職支援会社等）」（正社員6・6％、正社員以外8・1％）

キャリアに関する相談が役に立ったことの内訳は

「仕事に対する意識が高まった」（正社員51・1％、正社員以外48・5％）

「上司、部下との意思疎通が円滑になった」（正社員32・3％、正社員以外15・3％）

「現在の会社で働き続ける意欲が湧いた」（正社員21・0％、正社員以外30・1％）

キャリアコンサルティングをしているのは圧倒的に上司・管理職が多いという結果と

なっています。

通常のミッションの他に部下のキャリアまで行わなければならないのか、どのように実施すればよいのかわからないという声も聞こえてきそうです。

当然企業内で面談者に対して研修を行っていると思いますが、「将来何がしたいの?」「それなら人事に話をしておくよ」ということではキャリアを考えよと言ってもお互いがストップしてしまうのではないでしょうか。

③キャリアコンサルティングの課題

(ア) キャリアコンサルティングを行う上で、次のような課題がでてきます。
「キャリアに関する相談を行ってもその効果が見えにくい」

「労働者からのキャリアに関する相談件数が少ない」

「労働者がキャリアに関する相談をする時間を確保することが難しい」
(イ) キャリアコンサルティングを行う仕組みがない事業所が、キャリアコンサルティングを行っていない理由は次の通りです。

「労働者からの希望がない」

「キャリアコンサルタント等相談を受けることのできる人材を内部で育成することがむずかしい」

以前訪問した企業でキャリアコンサルティングを行う仕組みがない理由をお聞きしたところ

「わが社は定年もなく、いくつになっても働いていてほしいと思っているんです。キャリアについて自分で考えてよと言ったら従業員から辞めろということですかと言われてしまいます」

「そんなことをしたら優秀な人材がいなくなってしまいますよ」という企業もありました。

一見、従業員のためを考えているようですが、この先は不透明で、いつリストラせざるを得ない状況になるやもしれません。それより従業員をもっと活性化させて個人のキャリアと企業の成長に結びつけることが求められているのです。企業も個人も常に進化しているわけで何をするべきか意識付けをさせることが必要と考えます。

そうはいっても従業員の方々には丁寧に説明が必要です。

従業員の皆さんの考え方、価値観の多様性に対応するためなど、逆に柔軟な考えをもって従業員の皆さんに対応したいということを前面に出すことだと思います。

従業員のキャリアを自分自身で考えるようにメニューを豊富にして従業員のキャリア自律を促すことで人材育成を図り、成果向上につなげることです。企業によっては、これで良いのか、もっとキャリアを考えさせるものはないだろうかと常に考えています。

④キャリアコンサルティングは難しい

キャリアを相談する主な組織・機関は上司、管理職が7割とありましたが、企業によっては強制的にキャリア面談を設定しているところもあります。

メンバーの人生に関わる考えですので取り扱いには注意が必要です。

面談に慣れていない上司の方は何を聞けば良いのかわからないこともあります。メンバーも上司と話をするということは現状の仕事のできていないことを含めて指摘されるものと身構えることと思います。そんな中で「何がしたいの？」と急に聞かれても返答に困ることが予想されます。

人によっては漠然とこの仕事がしたいということがあればそのことを話すのだと思いますが、本当に上司に話をしても良いかわかりません。上司は一緒に今の職場で頑張ろうと言っているのに本社の○○部の仕事をしたいと話して良いものなのか。人事にきちんと話をしてくれるだろうか。転職を考えているのに本音で話すことはできない。など人によって当然異なります。

「特にありません」「そうなの?じゃあ、今のまま頑張ってね」で終わることもあるかもしれません。

シニアとの面談では「仕事で特にやりたいこともないから」ということで定年後の趣味の話に終始することもあるかもしれません。

その従業員の方が本当にそのように考えているのであれば良いのですが、互いに何の面談なのだろうと思うと思います。

準備をしていないと「将来何がしたい？」と聞いてもすぐには答えることはできないと思います。

この面談は今後の自分の希望についてどの程度実現性があるのだろうと探りながらの面談になるかもしれません。

(3)「私ブランド」を追求した方が早い、納得、確実

そこで「私ブランド」を一緒に探すことを行ってはいかがでしょうか。

「私ブランド」とは理論的には「自己概念」です。つまり自分とは何者か、自分で自分のことをどのように認識しているか、捉えているかということです。

どのようなことに価値観をもっているのか、どのような性格だと認識しているのか、どのようなことに興味をもっているのか、どのようなことに特長があるのか。その人にまつわることすべてを表します。

「私」は一番知っているようで一番知らないことでもあります。

しかも自分で考えても限りがあります。ですから他人に聴かれることにより考えを深めることがとても重要になります。

「私ブランド」が明確になると自信が湧いてきます。「そうか、私はこういう人間だったん

だ」と新たな発見もあるかもしれません。

過去から現在に至るまでの関連性、それを基に将来はどこに向かおうとしているのかを結びつけることで「私ブランド」は明確になります。

みんなと一緒ではなく、オリジナルな自分ということです。

他者に対して劣っていることではなく、長けていることを中心に考えることです。

良い点がいっぱいあると思います。

それを上司である面談者は一緒に探って寄り添って考えると良いと思います。

相談者と面談していると「不遇・不運な自分」「不明な自分」「自分不在」「不動な自分」「不本意な選択」の5つの「不」を感じている人が多いなと感じています。

人生ですから、うまく思い通りにいかないことが多いことは誰もが感じています。

どのように人生を修正していったらよいのか、皆さん悩んでいます。

若いときからこのようにならない準備、つまり気がつく機会を設けてキャリア自律させることが不可欠になってきました。

（4）5つの「不」がもたらす将来

5つの「不」が将来を決める（図②）

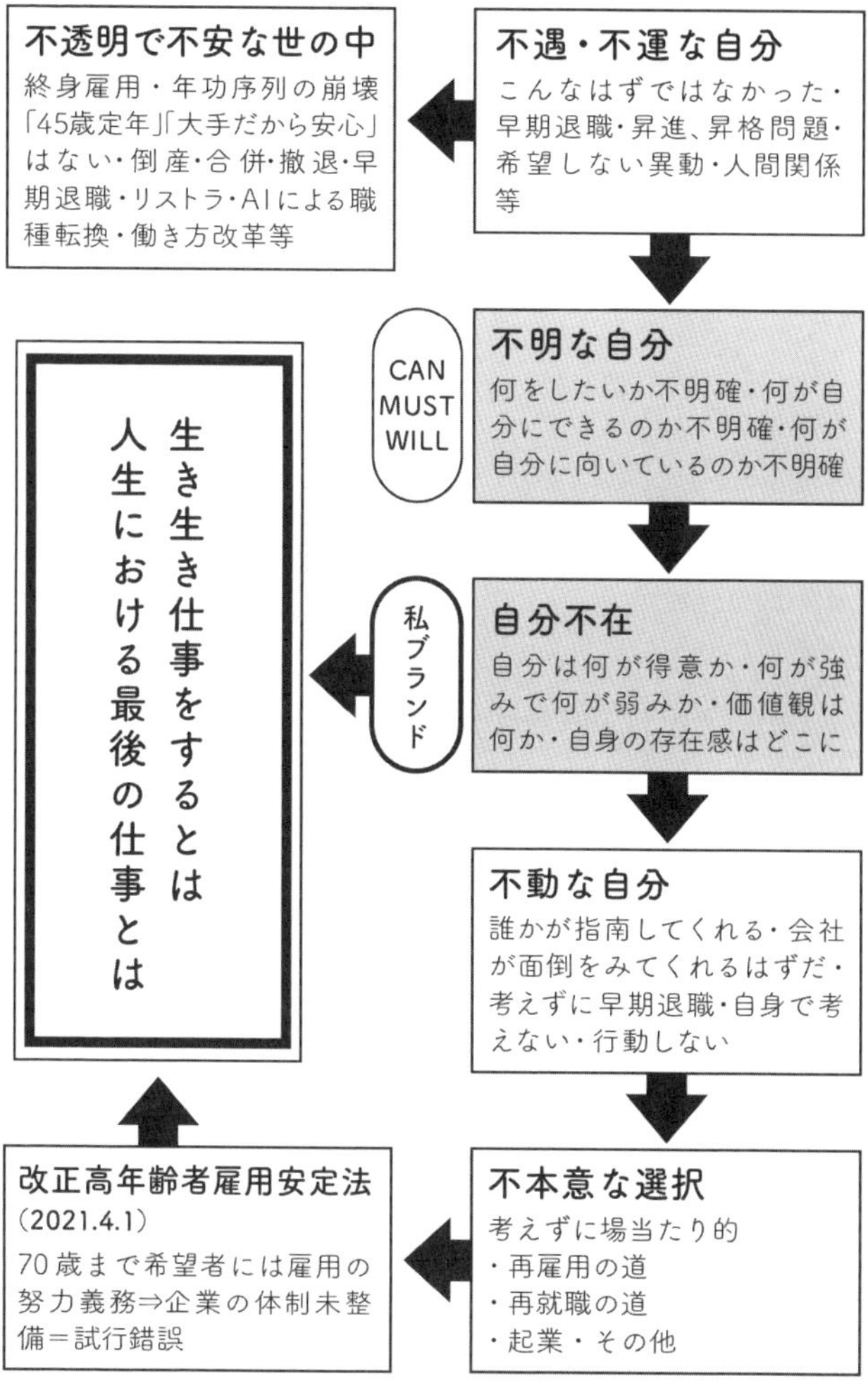
不透明で不安な世の中
終身雇用・年功序列の崩壊「45歳定年」「大手だから安心」はない・倒産・合併・撤退・早期退職・リストラ・AIによる職種転換・働き方改革等
不遇・不運な自分
こんなはずではなかった・早期退職・昇進、昇格問題・希望しない異動・人間関係等
CAN
MUST
WILL
不明な自分
何をしたいか不明確・何が自分にできるのか不明確・何が自分に向いているのか不明確
私ブランド
自分不在
自分は何が得意か・何が強みで何が弱みか・価値観は何か・自身の存在感はどこに
不動な自分
誰かが指南してくれる・会社が面倒をみてくれるはずだ・考えずに早期退職・自身で考えない・行動しない
不本意な選択
考えずに場当たり的
・再雇用の道
・再就職の道
・起業・その他
改正高年齢者雇用安定法
（2021.4.1）
70歳まで希望者には雇用の努力義務⇒企業の体制未整備＝試行錯誤
生き生き仕事をするとは
人生における最後の仕事とは

①「不遇・不運な自分」

「こんなはずではなかった」という気持ちが少なからずあるのではないでしょうか。「役員になるはずだったのに」「課長にはなれるはずだったのに」あるいは「大企業に入社して定年までこの会社にいると思っていたのに」「自分の得意な営業に戻れると思ったのに」「本社で商品開発をやって画期的な商品を世に出すはずだったのに」等々。

どちらかというとポジションが思った通りにならなかったために自分が不遇だと思っていた人が多かったですが、今や勤務していた会社自体が倒産や部署自体が撤退など全く予期していないことが起きるようになりました。急なことですから準備も中々できていないで次を決めなければなりません。

特にコロナ感染症に関連する解雇や雇止めは10万人(厚生労働省２０２１年6月8日発表)を超えました。同時期に１５００社を超える企業がコロナにより倒産しました。

ご自身のことを「不運」とか「不遇な人生」とか思いたくなることはとても理解できます。

今回のコロナ感染症により、また世界では戦争が起こり、経済的影響が世界に広がっています。至る所で災害も増え、この先益々いつ、何が起きるかわからない（不確実な世の中）ということを認識する必要がでてきました。

定年や会社都合退職は自分自身の意思ではありません。自身の意思で決めることができるのは早期退職、自己都合退職、定年時選択（再雇用、再就職、その他）の3つです。覚悟も必要ですが、何より準備が最も重要となります。今や今後転職するものと思って生活する必要がでてきたのです。出たとこ勝負では選択に失敗する確率が高いのです。「不遇・不運」ではなく、「運の良い」人生に変えるために先手を打つことを心がけたいものです。

エンプロイアビリティ（雇用されるに値する能力）を常に考え、身に着けていかなければなりません。

②「不明な自分」

ミドル、シニアに限らず若手の方も再就職するにあたり、目的を「社会貢献」とする人が多くなってきました。しかし具体的にどうしたいかは皆さんわからず、それをキャリアコンサルタントに求めてきます。しかも自分に合った社会貢献を探してほしいと言う人もいます。

「自分は何ができるのか」「自分は何をしたいのか」を明確に答える人はごくわずかです。自身のことは見えていないのがほとんどです。

「私ブランド」、つまり自分自身とは何者なのかを認識することが最も大事だと考えています。「私ブランド」を認識することが「不運」「不遇な人生」を「運の良い人生」に変える方法ともいえます。

「私ブランド」を相談者と一緒に考え、導き出すカウンセリングが今後どうしても必要なのです。

③「自分不在」

自分の存在が明確でないと何をしたらよいのかわかりません。人はこの世に何か役割をもって生まれてきているのだろうと思います。

そして性格や価値観など、ご自身の特徴をつかむことが最も大事だと考えています。そのような自分は「どのような仕事が合っているのか」という答えにもつながるのではないでしょうか。

最後は行きつくところ「存在感」だと思います。

相談者の方の話を聴いていると皆さん「自分の存在感」を求めていることが伝わってきます。

過去どのような存在感があったのでしょうか。どのような自分、立ち位置がその人の自然なのでしょうか。そこを一緒に導き出すことだと考えます。

④「不動の自分」

「誰かが教えてくれるはずだ」「自分自身、今までやってきたことを話せばキャリアコンサルタントなのだから自分に合った次の仕事を提示してくれるのだろう」と言ってご自身では動かない人が本当に多いです。動かないというより何をしたら良いかわからないから動けないと言う人もたくさんいることでしょう。

動かないこととは「自身について考えないこと」ということです。自身の将来を考えて深く学んだり、身につけたりしないということです。残念ながら流された人ということであり、今後も流される可能性が高いです。

動かないことの「リスク」を伝えることがとても大事になってきました。キャリアコンサルタントの大きな役割だと思います。

企業でもキャリアセミナーやキャリアコンサルティングを導入していますが、大企業のほんの一握りです。多くの企業はキャリアについて気づかずに考えることなくシニアに向かっていきます。

キャリアセミナーは「ご自分のことですから何でもありです。趣味を活かした生活でも構いません」とバラ色の老後をイメージさせる内容も必要ですが、今後はもっと現実的な就職状況の話をするべきだと思っています。

退職金を何千万円ももらう方は大企業の一部です。転職を繰り返している方は勤続年数が少なく、退職金も比例して少なくなります。

なおさら次の準備をしておくことが必要になります。

⑤「不本意な選択」

定年前に所属する部門の撤退、売却や倒産など今後起きる可能性があります。相談者の中には親会社が外資系になってしまってお客様第一が株主第一になり、自分が考えてきた方向性が変わってしまったと転職する人もいます。

定年を迎える人は再雇用するのか、再就職するのか選択しなければならない場面が出てきます。今はフリーランスとして個人事業主の選択も広がりました。

そのときに不本意な選択をすることもあると思います。

今までの経験が生かせる仕事は残念ながら今の世の中のニーズがなかったとか、新たに募集が多い職種は今まで考えたこともない職種が多いとか、それらを踏まえてご自身の考えが整理されていないと流されてしまいます。仕方なく採用してくれる仕事を選択する、もしくは仕方がないから再雇用を選ぶというようにネガティブで決めてしまうと大変もったいないです。

ご自身のキャリアについてあまり考えたことがなかったから「不本意」も何もないか

もしれませんが、「会社の言われるままに一生懸命やってきたのに」と嘆くこともあるでしょう。結果的にもっと他に生きる道はなかったかと後悔する確率が確実に高まるのです。今までの「不動の自分」の結果が「不本意な自分」になる可能性が高いのです。

第2章

キャリアコンサルティングのやり方

―「私ブランド」を形成するもの―

キャリアコンサルティングポイント（図③）
何を考え、何に悩み、なぜ行動が止まっているのか

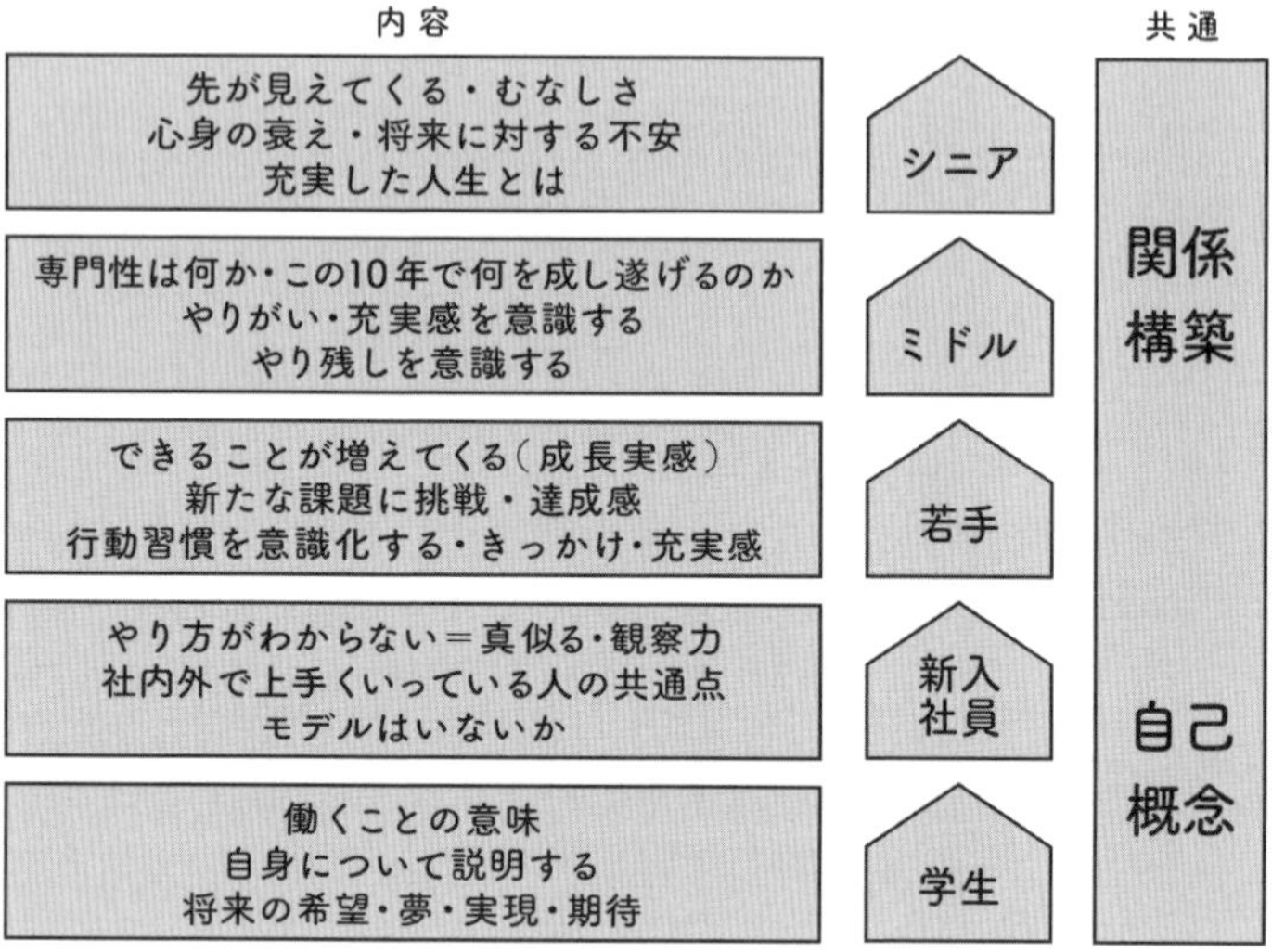

内容		共通
先が見えてくる・むなしさ 心身の衰え・将来に対する不安 充実した人生とは	シニア	関係構築
専門性は何か・この10年で何を成し遂げるのか やりがい・充実感を意識する やり残しを意識する	ミドル	
できることが増えてくる（成長実感） 新たな課題に挑戦・達成感 行動習慣を意識化する・きっかけ・充実感	若手	
やり方がわからない＝真似る・観察力 社内外で上手くいっている人の共通点 モデルはいないか	新入社員	自己概念
働くことの意味 自身について説明する 将来の希望・夢・実現・期待	学生	

（1）各キャリア形成プロセスでの課題、面談のポイントの整理

各年代のキャリアコンサルティングで重要な共通項目は「関係構築」と「私ブランド」だと思っています。

それぞれの年代の中心となる（ア）課題（イ）キーワード（ウ）面談のポイントを整理してみました。管理職の方がメンバーにキャリアコンサルティングする際に参考にしてください。

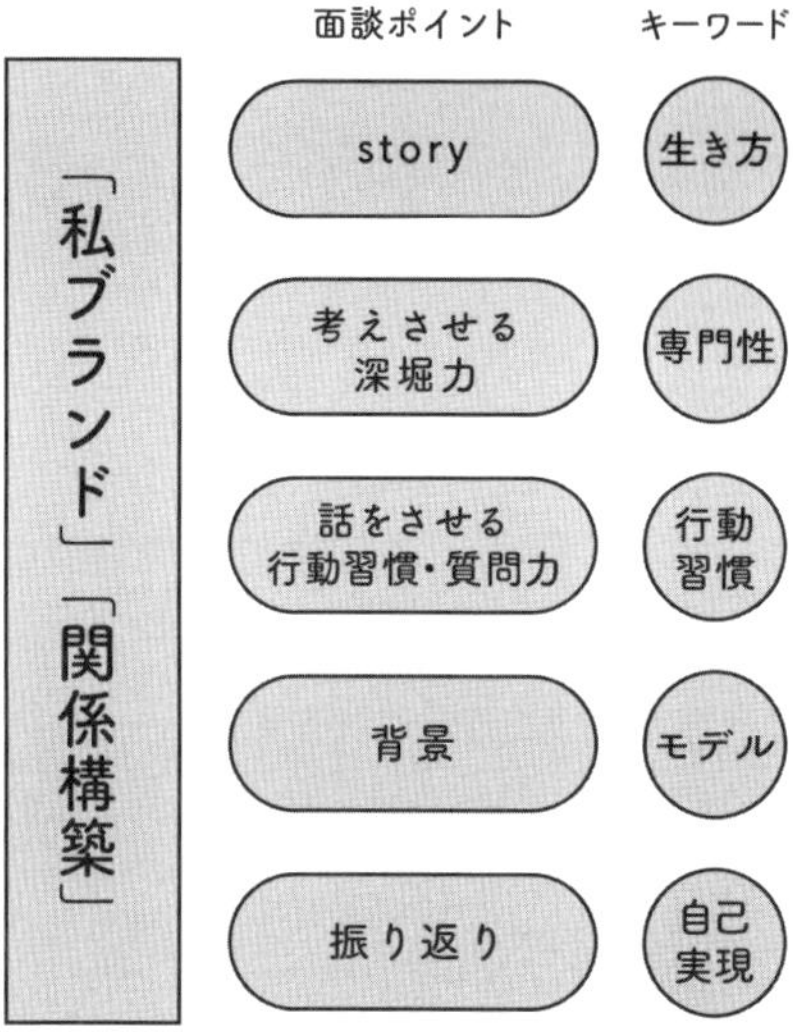

①学生編

(ア)課題

(a)「働くことの意味」をどのように捉えているでしょう。アルバイトは経験あるものの働くことによってどのような良いことが手に入るのでしょう。ここをまず確認してみましょう。価値観はどこに置いているでしょうか。

(b)学生は自分自身について説明することに慣れていません。自身の特徴をイメージするよう意識させることです。

(c)将来の夢、希望、実現したいこと、自身への期待等思うままに話をさせることです。

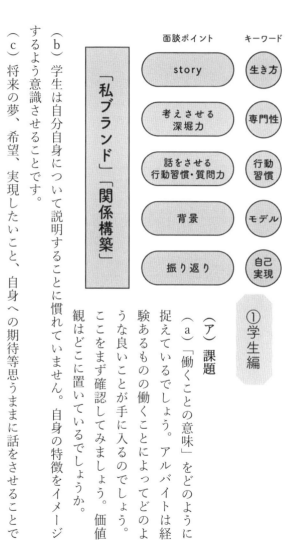

（イ）キャリアコンサルティングのキーワード

「自己実現」をまずは確認してみましょう。価値観につながると思います。

将来の自分と現在、さらには過去の自分を結んでみましょう。

興味のある職業とは、業界とは何か、なぜそう思ったか。過去のどのようなことがきっかけか。

企業の情報収集はどのようにするのか

どのような方法で今後をスケジュール化するのか

まずは自分とは何者かを認識することです。

（ウ）キャリアコンサルティングのポイント

「過去の振り返り」特に直近の学生生活での出来事は重要です。Ｓｔｏｒｙをまとめる軸になります。

その学生の特長について体験を基に形作ることです。

今後はジョブ型採用が増えると思います。自身がどの職種を選ぶのか、この大学4年間で気持ちを固める時間となります。そういう意味ではこれからの大学4年間は今までの先輩たちとは違う過ごし方が必要になってきます。そのような決断が学生にできる環境も必要です。アルバイトも経済的な理由で何でもいいからではなく、将来を見据えた仕事を経験することを心がけるべきだと思います。

私は大学入学時ガイダンスでこの大学4年間の過ごし方、就職についてはじっくり説明、投げかけることが最も大事だと思います。学習院大学のようにキャリアセンターを入学時から近い存在とすることが環境作りの一歩だと思います。キャリアカウンセラーによるカウンセリングを自由に受けることができることも強調する必要があると思います。

高校はさらに大事です。現在、大学での学部学科は関係なく企業への応募が可能ですが、ジョブ型採用では専門性が問われます。就職するのであれば学力によって学部を決めるのではなく、就職を考えた学部選択が必要になってきます。または専門学校に進学するのか。この相談が重要になってくるでしょう。高校1年時に将来について投げかける、考えさせることが今まで以上に必要になってくると思います。何のためにその職業を行うのか、目的が必要になってきます。偏差値の高い大学を目標にするのではなく、何を仕事として選択するのか。そのために高校卒業後にはどうするのか。どのような行動が必要なのか。そうした意識を専門性の高い医療関係、法律関係等だけではなく、様々な職種に広げることが大事になってくると思います。

②新入社員編

(ア) 課題

初めて仕事を行うわけですから、仕事のやり方がわかりません。今までは4月に採用して集合研修を行い、挨拶など基本的なマナーから教えられました。集合研修後に配属して社会人としてスタートするわけです。

先輩社員に一から教わり、まねることから始めます。ここで将来うまくいく人とそうでない人の違いがあります。

うまくいく人の共通点は「自分で工夫して試して」います。

初めは言われた通りに行いますが、そのうち慣れてくると自身で工夫し始めます。もっと効率的に、効果的にと試すことを始めます。

うまくいった際に、理由を明確にすることです。翌月も同様に行います。こうして基礎を固めていくのだと思います。将来改善するのに基礎ができていないと何を改善したら良いかわかりません。ここはとても重要だと思います。

有名な歌舞伎役者が「型を破る」とは「型ができていないと言えないことだ」と言っていました。それと同様で、まずは型を確立することです。

そして作業を行うにあたって何故それを行うのか、行う背景を必ず確認しています。

将来環境が変わって意味がなくなると別のことに変えることができます。

「これはなんでこのようにやるのですか」と先輩に聞くと「昔からそうやっているのだよ。いいから言われた通りやれよ」という言葉が返ってきたら他の先輩に目を向けた方が良いと思います。いつまでたっても成長は難しいでしょう。

(イ) キャリアコンサルティングのキーワード

「モデル」になる先輩を見つけることで目標ができます。

うまくいっている先輩を模倣することです。

ここがうまくいかないと3年以内に転職となってしまいます。

基本のキであり、基盤となります。

(ウ) キャリアコンサルティングのポイント

初めはできているかできていないかの確認が多いと思います。そういう意味ではどうしても一問一答になってしまいます。これに背景を必ず一緒に覚えさせることが仕事をうまくいくための早道だと思います。

何故それを行うのかということを認識させることによって将来自身の「カイゼン」につながります。この時期とても大事なことと思います。

面談者は仕事がうまくいっている人の話をよく聴くことだと思います。うまくいっている人に取材することです。そこには共通点があるかもしれません。時代と共に変化するものかもしれません。基盤づくり、工夫することなど不変なものもあります。引き出しに入れてコンサルティングすることが必要だと考えます。

（ア）課題

できることが増えて成長を実感することができます。

新たな課題に挑戦し、不足していることは学ぼうとします。

今までの経験でうまくいったこと、いかなかったことを整理することが重要になります。身についた行動習慣を意識することです。そのきっかけは何だったか。どのような工夫をしたのか。仕事を進める上で大事なことをまとめると良いと思います。それが自身の性格、価値観と結びついている。短所を長所へ切り替えることができた。今までできなかったことができるようになった。意思、努力の賜物なのでしょう。

（イ）キャリアコンサルティングのキーワード

「行動習慣」を中心に聞いてみることです。この「行動習慣」がしっかり確立していれば今後自身で柔軟に行動できると思います。判断基準も明確になるでしょう。

仕事がうまくいっている人は「行動習慣」が明確で、意識している人が多いです。

（ウ）キャリアコンサルティングのポイント

大いに「話をさせること」が重要です。仕事がうまくいき始めた人は自身から話をすると思います。充実感があり、前へ向いています。どのような行動をとっているのか、その重要性を再確認させ、意識化させることです。

そこまで行っていない人には視野を広げる質問をし、気付かせることが必要です。うまくいっていない人は恐らく成果をださなければと焦り、忠実に作業をしているのではないでしょうか。視野が狭くなっていると思います。また、モデルにしている人がいないのかもしれません。モデルを見つけさせることが重要ではないでしょうか。社内でも社外でも良いのです。

成果に結びつくプロセスに注目し、工夫をすることです。見える化したり、独自の成果に結びつける行動パターンをいくつか試してみることです。

うまくいっている人は自身でやり方を編み出しています。

何故うまくいっているか自身で認識できています。「狙い通りに達成する」ということです。このような人は深く入っていくことができます。専門性も高まります。しかも柔軟性があるので「ＭＵＳＴ」に応じて変化することもできます。

この方法はとても大事です。「ＣＡＮ」の輪をさらに大きくする方法だと思います。つまり将来の「ＷＩＬＬ」を広げる方法でもあります。

現状ここまでできているという実感を持っているかどうかです。上司が「認めてあげる」ことを行えば自分自身の「現在地」がわかり、今後の方向性も明確になります。これがないと何を相談したらよいのかわからない状態になると思います。上司からも人事からも周りからも何も言われないと思考はストップします。このままで良いと考えるようになるでしょう。半年の評価後面接では課題を達成できたかどうかが中心になってその理由も確認すると思います。そこに試行錯誤があってこれを行ったから達成できた。これがうまくいかなかったから未達になったというように因果関係を明確にすることです。また、何を試したかが一番重要であり、それができていると成長しているということになるのだろうと思います。

それを上司は認めてあげることをする。この構図が最も大事だと思います。

④ミドル編

（ア）課題

この先定年になり、いざ、転職を真剣に考えたときに何ができるのかです。他社でできるのだろうかと自信がなくなるのです。管理職になって15年～20年、マネジメントだけを行っていたら逆に自信がなくなるという不思議な現象になっています。

40代は将来を決めるのに大変重要な期間です。人生100年時代を考え、次の仕事を見たときに何をするべきか。どのようなことを専門としていくのか。管理職の方で定年後も次の仕事を見つけている人は実務が確立できている人が多いです。

これまで管理職に限らずどのようなことをし、どのような成果を出したのかは必須となります。

(イ) キャリアコンサルティングのキーワード

今までの経験を振り返ってどのようなことができたか。どのようなことが得意なのか。それを第三者に説明することが求められます。

(ウ) キャリアコンサルティングのポイント

「深く考えさせる」です。深く考えさせるのはどの年代でも必要ですが、特にミドルについては今まで深く自身のことを考えていなかった方が多いので整理、まとめておくことです。

定年までまだ長いからと考えていないという人は、ある日突然リストラになることもあります。考える機会を逃すと将来を逃すことになります。

ここで気付けば今後10年で試すこともできます。仕事に関係した資格を取ることもできます。副業を行うこともできます。即戦力として磨いていくことができます。そういう意味ではとても大事な岐路に立つことになります。非常に大事な時期なのです。目先の仕事で精一杯で日々目標に向かってメンバーと共に一生懸命な時期です。キャリアセミナーやキャリアコンサルティングをこの時期必ず実施していただきたいです。何人かはこれからの自分に気づいて救われるのではないでしょうか。

⑤シニア編

(ア) 課題

先が見えてきて気力も衰えてきます。このまま今後はどうなるのだろうと初めて危機感を感じることになります。この10数年何をしてきたかで決まるわけです。一生懸命会社の言う通り部下を叱咤激励して成果を出してきたと胸を張って言える人ほど危機感が出てきます。

経済的には住宅ローンもなく、子供の教育もめどが立っている方は自由です。でも今後は年金受給まで定年後どれを選択するかです。

・再雇用
・再就職
・独立
・趣味
・何もしない

「何ができるわけではないし、何をしたいかも特にないし、そのまま再雇用かな」

本人が継続して働きたいという意思があり、健康であれば雇用しなければならない雇用制度も今までは65歳までが上限でしたが、今後は70歳が上限になります。10年間何をしていただくのか、企業も悩んでいます。敬意をもってどのような役割をしていただくのか。再雇用しなければならないが、10年間再雇うだけの余裕は中々ないと思います。

業績が悪化し、リストラをしなければならない企業もでてきます。アクセルとブレーキの使い方は今後益々困難になっていくことでしょう。

早期退職制度について選択する人も多くなっていますが退職金の上乗せを考えて、とりあえず早期退職制度に乗って転職を考える人が大変多いです。その次が決まっている人はごくわずかです。やむなくキャリアチェンジする人も多いですがほとんどの人が年収は下がります。それでも雇用されれば良しとして転職されていきます。

仕方ないといって選択するのは本当にもったいないです。

10年前に考えていれば状況は変わっていたのにと嘆く人も多いです。

定年前に50代にキャリアセミナーを実施する企業もありますが、突然キャリア相談で「定年後再雇用にしますか、転職しますか、どうしますか。○月○日までに決めてください。」と言われる。これではさすがに気の毒です。

30代、40代、50代と各年代に応じてキャリアセミナー、キャリアコンサルティングを通じてキャリアプランを作成させることです。

現状を詳しく伝え、選択するにあたって何が課題なのか、70歳までの計画をイメージさせることが今後大事になってきます。個別ではキャリアコンサルティングが最も効果的です。いつでも相談できる体制をとっておくことが企業の責任になってきています。

(イ)キャリアコンサルティングのキーワード

「生き方」をまとめることです。

今までは一心不乱に走ってきたわけです。60歳のゴールに向かって追い抜いたり抜かれたりしながらようやくあと数メートルまできたわけです。もうすぐゴールだと思っていたのに見えない遠い先にゴールが変更になったわけです。歩く人もいれば立ち止まる人もでてくるでしょう。あるいはコースの外に出て放棄する人もでるかもしれません。

その人に合った走り方、歩き方をどのように模索するか、キャリアコンサルタントの役割になります。

(ウ)キャリアコンサルティングのポイント

「Ｓｔｏｒｙ」

今までを総括して「Ｓｔｏｒｙ」にしてみることです。

文字通り第二の人生に向かっての準備です。次のステージをどのように描くかです。

今まで経験されてきたことの延長線上にあるのか、何を「軸」として考えているのか、そこを深く聴いてみると良いと思います。

(2) 面談者の陥りやすい罠

①答えを出してあげるのがマネジメントか

管理職の方々に多いのは相談者に対して「私が解決してあげよう」「導いてあげるのが私の責任だ」「答えを出してあげてすっきりさせてあげよう」などと面談して答えを出そうとする人です。マネジメント研修でもロールプレイングをすると答えを出そう、出そうと試みる管理職が多いです。

これは相談者にとっては迷惑な話です。自分で考えるきっかけを作ってあげることが大事なのに「こうしろ」「こうするべき」と言ってしまったら違和感を感じるはずです。一緒に寄り添うことなのですが、ここが難しいポイントです。

言いきらずに必ず「～可能性がある」「ということもある」というように色々な考え方があり、判断するのはあなたなのですというスタンスをもつことです。

②つい、決めつけてしまっていないか

「社会とはこういうものだ」「そんな考え方では甘い！」「仕事とは昔からそうやってみんな学んできたのだ！」ということを話した瞬間に相談者は相談しても無駄だと耳を塞いでしまうことでしょう。面談して相手の意見をまずは尊重すること、相談者の意見がどういうものか、どういうところからそうきているのか、探ってみる必要があります。思い込みをしたり、決めつけたり、ねじ伏せようとすることは避けなければなりません。

③一問一答で、できていること、できていないことを明確化しようとしていないか

どうしても質問が一問一答になってしまうことが多いように感じます。

YESかNOかの選択ではそれ以上深く入ることはないため、考えるきっかけを失ってしまう可能性があります。考えの幅を広げることによって自分とは何者なのか発見するチャンスが生まれてきます。

今まで自分自身のことを考えることが少なかったので、「考えさせる」ことです。今後の人生の進め方を解くのです。すぐに答えが出るはずはありません。そんなに簡単に答えが出る人生ではないはずです。

④「なぜ」を繰り返すのは良いことか

「なぜ」を繰り返すことが大事だと言われることがあります。

相談者の気持ちや考えを聴く際にどうしても「なぜ」を繰り返す場面がありますが、あまり多用すると相手は「詰問されている」と受け取る可能性があります。ときには言い換えることが必要です。

「なぜそのように決めたのですか」を「その判断は何が基準になっているのでしょうか」

「なぜできないのでしょう」を「これから何をしていったらいいでしょうね」に変えるといかがでしょう。

(3) キャリアコンサルティングのゴールを設定してみる

①元気にさせて面談室を退室させる

私は30歳のときに人事部に異動になりました。異動後すぐに上司から新入社員の面談をして来いと言われました。面談を今まで受けたことはありましたが、面談をしたことはありませんでした。そうこうしているうちに最初の新入社員が面談室に入ってきました。

私は思わず、「わからないから教えてくれる?何に困っているの?」と聞いていました。

新入社員は営業のメンバーが多かったので「売上をどのように上げたら良いか」「取引

先とうまくいくためには」「チームメンバーとどのようにコミュニケーションをとったら良いか」といった内容でした。私も人事の前は営業を行ってきておりましたので、それならばと話をしました。するとその新入社員は「やってみます」と笑顔になって元気になって部屋を出ていきました。

それを見ていてこれからは面接したら必ず元気にしてこの部屋を出ていってもらおうと目標を立てました。

最終的には相談者の表情が明るくなり、自律して前へ進めることができる状態を目指すことだと思います。

②イメージすると人は自律する

そのためには相談者に行動のイメージをさせることが最も効果的です。

イメージできたら人は試したくてソワソワし始めます。「やってみます」という言葉になります。

「例えばこんなのどうですか？」ということを多くしています。

「私ブランド」を認識したら人は自律し始めるのだということがわかりました。

表情は明るく、前を見つめ、目がキラキラしてきます。

私は就職活動をしている学生との面談のときには
「早く面接を受けたいです」

「明日から何をすればよいかがわかりました」

「今までモヤモヤしていたことがすっきり整理できました」

「何かワクワクしてきました」

という言葉がでることをゴールとしています。

「早く面接を受けたいです」という言葉が出る人は自身の特徴が明確にわかった人が多いです。自身が希望した企業、職種に合格する可能性が極めて高いです。

この言葉が出るようにコンサルティングを実施しています。

相談者に寄り添ってコンサルティングを進めていくのでゴールなど決めてはいけないと言うこともあるかもしれませんが、ゴールを決めてコンサルティングを行うとコンサルティングスキルがアップします。

意識して行うことで結果がわかるからです。良かった点、反省点が次に生かせます。

「キャリアコンサルタント」
国家資格更新講習
受講者からの感想

「キャリアコンサルティングのゴールを決めてみる」

「面談のゴールを意識したことは今までになかった。ゴールというのを改めて意識してやってみようと思った」

「自分がクライアントに話を聴く際の足りないスキルだと感じた」

第3章

ナラティブアプローチ

―「私ブランド」に気が付いていない自分がそこにいる―

（1）誰もが使える「ナラティブアプローチ」とは

①ナラティブアプローチすると相談者は元気になる

お聴きしていくと何かネガティブに固定観念をもってお話しする人がいます。学生にしても社会人にしても同様です。

例えば「自分は何もしてこなかったから、何ができると言われてもよくわからないです」

「運動部にいましたが、レギュラーではなかったので強みを話すことがあまりなくて…」

「一般事務の仕事をしてきたのですが、専門性と言われても特になにがあるわけでもないし…」

何か思い込みをしていて、あるいは視野が狭くなっていて

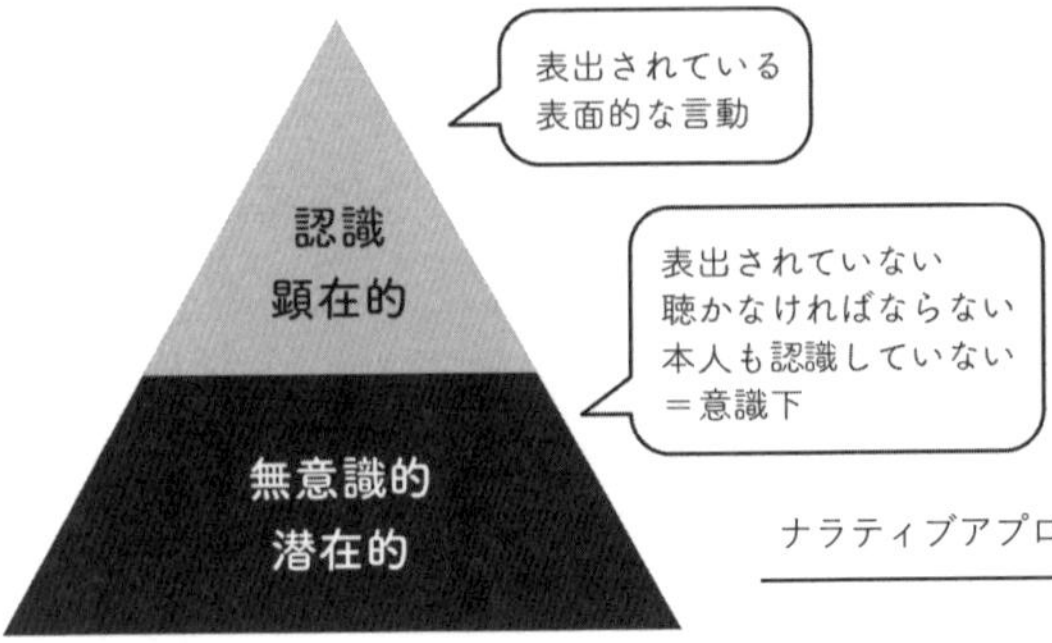

ナラティブアプローチ（図④）

悩んでいる方もいます。

　ナラティブアプローチは図④のように表出されていない（まだ相談者から語られていない話）ことを掘っていくアプローチです。その人はまだ語られていない部分に特徴があり、ご本人も認識していない場合があるかもしれません。そこを自由に自分の言葉で語ってもらうことで新たに気付いて将来に向かってポジティブに語り変えるのです。

　履歴書は割と早くでき上がります。何故なら事実を記入するだけだからです。しかし、履歴書など今までの出来事（データ）だけで面接官に伝わるのでしょうか。ご自身はどのようなことに興味を持ち、どのようなことに一生懸命になるのかなど、整理できたでしょうか。

　この世界で何を体験し、どのように生きて、どのように感じ、どのように表現するのか。

　事実は事実としてまとめることが必要ですが、語り方は自由です。事実に忠実に語るより、自分自身にとって好ましい内容に構成し直すことです。事実に新たに意味付けを行うことを言います。

②ドミナントストーリーをオルタナティブストーリーに変えていく

例えば新入社員が「毎日課長からこの実績を入力するように言われて行っていますが、単純作業でこのことをやるためにこの会社に入ってきたわけではないのです」と不満を述べていたとします。こんなはずではなかったと入社3年以内に転職していくかもしれません。

そこでそれについて深く聴いていくと次のように話してくれました。

「毎日実績をインプットしていて対象客との関連性があることがわかりました。あるいは気温との関連性があるのだとわかりました。自分が将来営業を行うことになったら参考にしたいです」

ポジティブに捉える、その行動に意味付けを行うことにより、現状を自分に好ましいものに変化するということです。

「入社以来一般職で事務の仕事を行ってきて特に専門性もないですし…」

色々と聴いていくと仕事の正確性だとか、周囲とのコミュニケーションとか、その人がいることによって周囲が明るくなる、物事が進んでいっていると、周囲からの声があったら、その人の強みになるわけです。

中々自分では気持ちの切り替えができないかもしれません。その場合にキャリアコンサルタントとか上司とか第三者からの質問によって新たに気づきができるのです。

「ナラティブアプローチ」
キャリアコンサルタント
国家資格更新講習
受講者からの感想

「物語を語っていただき、オリジナリティのあるキーワードが言語化されることで自信につなげることができるナラティブアプローチを改めて素晴らしいと感じた」
「答えのないキャリア形成が求められるこれからの時代において自らの言葉で自らを捉えて語るナラティブアプローチの重要性は高まっていくと感じた」

実績をインプットするだけのやらされ感のストーリーをドミナントストーリーと言います。ここでは本人が思い込んでいるネガティブなストーリーです。これを自分にとって好ましい考え方に変えて語るストーリーがオルタナティブストーリーと言います。
ナラティブアプローチは未来に向かって現在と過去を捉えることが大事です。

（2）「私ブランド」はなぜ必要なのか

①「私ブランド」は理論的にも証明されている

コロンビア大学名誉教授ドナルド・E・スーパー（1910〜1994）
「人の職業に対する興味やそれぞれの生活環境や自己概念は変化する。仕事から獲得する満足は自己概念をどれだけ具現化できたのかの程度に比例する」（キャリア発達理論の14の命題より抜粋）
自己概念と職業の一致度が高いほど職務満足は高まるといわれています。
環境によって自己概念は変化するともいわれています。
そうであるならば「自己概念」＝「私ブランド」を考え、認識することで自分に合った職業を探すことが一番良いことだということです。

②「私ブランド」を考え始めたきっかけ

自分自身に持っている考えやイメージということです。自分とは何者かということです。


30年以上学生の就職支援をしてきて一番感じることは、

「〇〇大学〇〇部〇〇学科に在籍しております。学生時代一生懸命取り組んできたことはアルバイトです。アルバイトではコミュニケーション能力を学ぶことができました。以上です」

「私は明るく素直で誠実な人間だと思っています。以上です」

このように表現が極めて表面的であり、誰にでも通用する言葉で語られていることです。

私は当時人事で採用をしていて、このような学生は面接で落ちる共通点だと思っていました。自分が認識できていないので、これでは適職も選択できないわけです。

母校での就職支援は「深掘り」をテーマに現在行っています。

いかに自分自身を深く考えるか、それによって自分とは何者かを導き出そうとして進めています。

学生だけだと思っていましたが、実は若手やミドルやシニアなど、すべて問題は同じだと気が付きました。

「今まで16年間営業を行ってきました。地区は札幌と仙台と横浜です」

当然、何を話したらよいのかわからないので今までやってきたことをお話ししてくださるのですが、それ以上は何も語りません。「今までお客様の信頼を得るために様々なことを取り組んできました」と少々控え目に初めはお話されます。内容は抽象的で、誰にでも通用する内容が多いです。

中々自分のことを考えるといっても限界があります。他者から質問をされて自身の核心に入っていくのが近道だと思います。

「私ブランド」
キャリアコンサルタント
国家資格更新講習
受講者からの感想

「私ブランドはものすごく論理的で腹落ちした。深い学びと大きな勇気をもらった」

「私ブランドの考え方は働く人だけでなく、誰でも必要な考え方だと思った」

「仕事をしていく上で「私ブランド」がとても大きな影響を及ぼすことを実感した」

「クライアントの幸せのために「私ブランド」を理解、共有し、それを満たすこと＝自己実現を支援していきたい」

（３）関係構築に絶対はずせない「傾聴力」

①確実に身に着ける方法

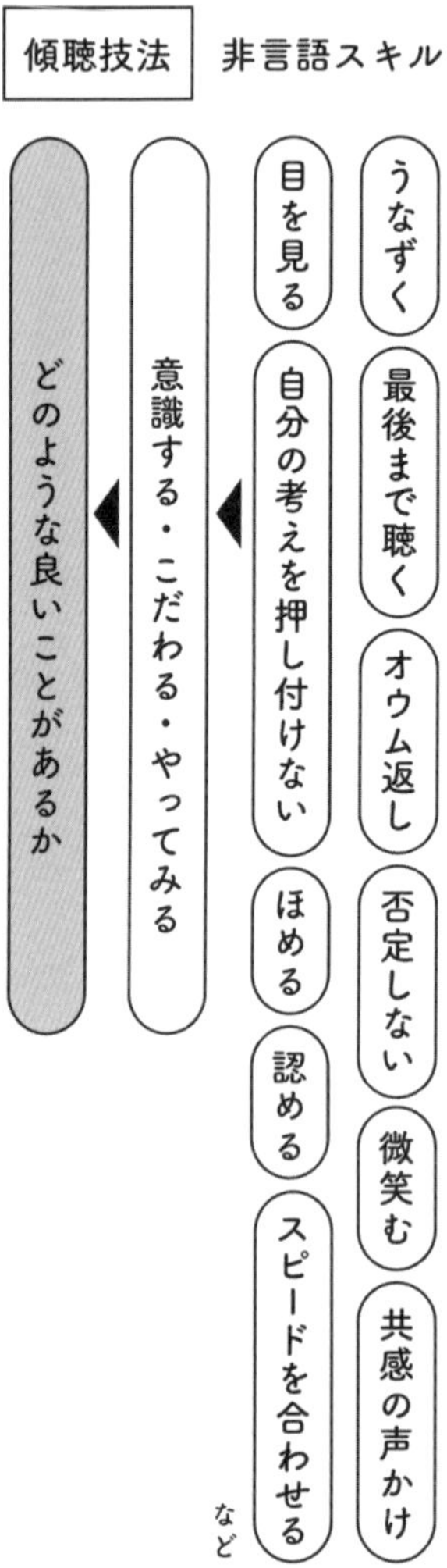

傾聴（図⑤）

ナラティブアプローチを行い、自由に相談者の言葉で語ってもらうためには語りやすい環境が必要になってきます。

その環境が「傾聴」です。言語的スキルと非言語的スキルがあります。
特に非言語的傾聴スキルはどのようなものがあるでしょう。

・うなずく
・最後まで聴く（途中で相手の話を遮らない）
・オウム返し
・要約する
・否定しない
・認める
・微笑む
・相手のスピードに合わせる
・目を見る
・自分の考えを押し付けない
・共感の声掛け
・ほめる
・ねぎらう

まだ他にもあると思います。

どれも重要であり、相談者の「やる気」につながります。

私が15年くらい前に（株）コーチ・エィでコーチングを学んだときに、どれか1つでもいいから意識してやってみることですとコーチに言われました。

私は「最後まで聴く」「否定しない」「ほめる」を意識して行ってみました。

今まで最後まで「聴いていなかったのだ」ということが意識して行うと、すぐにわかりました。今までならば途中で思わず遮ってしまっていたというタイミングがあり、反省をしました。

それからは必ず相手の話が終わってから話をすることを心がけています。

話がスムーズに進むし、信頼感が互いに得られます。

「否定しない」ということも私の中では大変重要なことでした。

当時私は教育関係に携わっており、講義の中で意識して「否定」することをやめました。

受講者があるとき、「違っていても絶対違うと言わないですよね」と言ってくれたことがありました。受講者は「安心する」と言ってくれました。

このことも今後続けていこうと思った瞬間です。

「ほめること」は一番難しかったです。「ほめる材料」を探すために質問していることもありました。何年もかかりました。意識してやっていくうちに相手の表情に変化が現れるということがわかりました。

毎週のように相談に来る相談者が終了の日に「来るたびに必ずほめてくれますよね。思わずその気になって、いい気分になってしゃべってしまいました」と笑顔で言ってくれました。

現在、組織が細分化され、役割や責任が明確になったことは良いことですが、そこを追及される、責められることが多くなってきているのではないでしょうか。そのために守りに入ってしまい、余計なことはしなくなってきてはいないでしょうか。会社はチャレンジせよと言っているのに逆の行動になっています。

それと共に「感じる能力」が低下しているのではないでしょうか。

メールやリモートでの会話が増え、互いに良いところを見つけることが減ってきてはいませんでしょうか。役割、つまり守備範囲が従来より明確に、狭くなった分、それ以外のことは権限が与えられていないとできなくなっています。守備範囲が狭くなった分、その分野の専門性は高まりましたが、気持ちをおもんばかること、感じる能力が低下しているように思います。

あるとき、必要なことだけをメールしてくる学生がいました。すぐに本題に入り、余計なことはメールしないという学生でした。

中々内定が取れず、本人も悩んでいました。

メールに感じたことを入れてほしいと提案しました。例えば自宅から最寄りの駅まで花が咲き始めてどのような気分だとか、閉店した店や開店した店があるのを見つけてどのように思ったのかとかです。

それをしばらく続けていると、見事に内定が取れ始めました。しかも複数です。

やはり相手に理解してもらうためにはそのような感情をどのように表現するのかが大事なことだとその学生を見ていて思った次第です。

②知識の蓄積より意識の蓄積

「相手が「やる気」になるためには非言語的スキルが必要です」というと「なんだそんなことか」と思う人がいると思います。

しかし、ほとんどの人は無意識に行っているのではないでしょうか。意識すると結果がわかります。そうすると結果打率もわかります。

例えば「ほめる」ことを意識します。

ほめることによって相談者の表情、または言葉になって返ってきます。それがどのような表情であり、言葉なのかです。恐らく笑顔になって少し照れて「ありがとうございます」とか言うことでしょう。大事なことはそれ以降のことです。「そのことなんですけど、…」と言って今までにないくらいしゃべりだしたら気分が良かったということです。

今までより多く話をしてくれることを仮説として、検証することです。

何回かするうちに、今度はほめる内容を変えたらどうなるのかという考えになるかもしれません。こういうことを続けていくとスキルが上がっていくのです。

しばらく続けて無意識に行動できたら、「習慣になった」ということだと思います。

余談ですが短所を直すことがよく言われますが、40歳代になったらもうそのような時間はないと考えています。

長所を伸ばした方が早いということです。

今まで短所が直らなかったということは意識していないということだと思います。何かのきっかけで直さなくてはとその瞬間思ったけど、すぐに忘れて元の木阿弥ということです。

40歳を過ぎると人に指摘されるのも嫌だし、今まで40年間直らなかったものを今後すぐに直すには相当なエネルギーが必要となります。

私は短所を認識しておかなければならないと思いますが、そのエネルギーを使うなら、長所をさらに伸ばした方が良い結果が出るのではないかと思っています。自己効力感が上がります。

最もいけないことは長所も短所も認識していないまま進んでいくことです。

何でもそうだと思いますが、「成長する」とか「スキルアップ」するためには「意識すること」が最も早道で確実だと思います。

私の講習を受講されている方で知識ばかりを身につけようとしている人がいます。知識は大変大事ですが、それを実践する方がもっと大事です。今まであまりうまくいかなかった方は「意識して」行動してみると今までと違う景色が見えると思います。

試してみることです。今日からやってみましょう。

(4)「私ブランド」を考える近道は質問力と深掘り力

自由に語る環境が整えば次は質問です。「自律」させるため＝「私ブランド」を作るコンサルティングですが、重要なのは「質問力（視点を変える）」と「深掘り力（考えさせる）」だと思います。広さと深さです。

私はいつも「私ブランド」を意識してコンサルティングをしています。

その相談者が何を考え、何がきっかけで、そのような行動をとってきたのかを幅広く、深く自身で認識してもらえるように行っています。

質問して相談者自身が新たに自身のことを発見できればベストです。

私はコーチングを学ぶ前までは社員や学生との面談で、今思うと単調な質問や一問一答が多かったです。

しかしコーチングを学ぶうちにこのような「質問」があったのかと驚くことがありました。

「質問」が相手に与える影響の大きさに感動すら覚えました。

要するに今まで自分自身について考えたことのないことを問いかけることによって深く考えないと出ない質問なのです。奥深い内容です。私は「魔法の質問」と呼んでいます。

これらの質問は深掘りするための入り口の質問と捉えてください。この質問をきっかけにして深く「私ブランド」に向かって続けて深掘り質問をしていくのです。何度もやりとりしてその人の私ブランドにたどり着くのです。

私を一言でいうとこういうことだったのですね。など仕事を進める上で大事にしてきたこと、はずせないことなどきっかけも含めて今の自分を語っていただきます。

深く入るというのは背景を意識することです。

「いつごろからそう考えるようになったのでしょう」

「誰かから言われたことがきっかけだったのでしょうか」

「そのときはどのように思ったのでしょう。今はいかがですか。何か思うことに違いはありますか」

「それができたら何を得られるのでしょう」

「それが本当に目指していることでしょうか。他には何かありますか」

「それがあなたなのですか」

「今の仕事とそのことはどのような関係がありますか」

というように「私ブランド」に向かって考え、最後に「だから今の仕事に結びついているのですね」となり、

「そうか。そういうことで今のこの仕事に携わっているのか」というようになれば一番良いですね。

その場で答えが返ってこなくても、帰りの電車に乗っているときなどで「あのときあの質問を聴かれたけど、よく考えると・・・」というように後になって一人になって思い出して考えるということはとても良い質問だったと言えると思います。

今までに考えたことがないことを「考えさせる」ということで「自分とは何者か」にたどり着くのです。

（5）「私ブランド」を導く「魔法の質問」

①「仕事をすることによってあなたはどのような良いことが手に入りますか？」―仕事の意義は人生の基本です―

学生によく聴いています。経済的以外には何だろうと聴いています。それ以外にそもそも「働く」とは何ぞやということです。

「自己実現」「その企業に貢献できる」「挑戦すること」「充実感」という学生もいます。その学生の価値観を見ることができます。具体的に内容を聴いていき、最後にはその人が大事にしていることを導き出していくと新たな発見になるのではないでしょうか。生き甲斐、充実感、達成感、喜び、モチベーション。この質問をすることにより深く入っていくことができます。

「OB、OG訪問をせよとよく言われますがどのようなことを聞いたら良いかわかりません」という学生がいます。

そのOB、OGが仕事に対してどのように捉えているのか、仕事に対する姿勢、価値観などを聴いてみることです。それに対してあなたがどのように感じるかです。一緒に働いてみたいと思ったかどうかです。

②「あなたのことを周りの人に聞いたら何と言うでしょう」
―他者からの見方は大事です―

今まで私は
「あなたの長所と短所をあげてください」と聴いていました。
この視点は「自分自身」になります。
周りに聴くということは視点が第三者なのです。客観的に自分自身をどのように捉えるのかということです。
実際に周りから言われていたことがなければ
「うーん。今まで特に言われたことがありません」

「では今、周りにあなたのことを聴いたら何と言うでしょうね」と聴いていくとしばらくしてポツリポツリと自分自身のことを語り始めます。きっと周りはこう思っているだろう。またはこのように言ってほしいということかもしれません。いずれにせよ「どういうところからそのように言うでしょうね」と聴くとその人の経験を基に話すようになります。ここがオルタナティブストーリーになっているかどうかです。

人に対して良く見せようと、良い方向に話をもっていきます。

もしドミナントストーリーで思い込みをしているようであれば視点を変えて良い点を一緒に探すことをしてオルタナティブストーリーに変えていくことです。

ご本人は納得すれば必ず笑顔になるはずです。

「なるほど、そういう事実からそう思っているのですね」

また、周りから言われることがあればそのまま答えてくれます。

「周りからよく論理的な考え方をすると言われます」

「それに対してあなたはどのように思いますか？」

「そうですね。私もそう思っています。常に冷静に考えようと心がけています」

「冷静に考えようとしているのは何か理由があるのですか？」

「相手が納得してくれることを第一に考えているのだと思います」

客観的に自分を捉えています。これはその人にとって新たな発見だと思います。

「私ブランド」が見えてくるのです。だから今までどのような言動が多かったのかと自分を振りかえって、背景も見えてきます。さらに
「あなたは論理的に話すことによって何を得ようとしているのですか？」と続けていきます。

「信頼なのかもしれません」と慎重に一つひとつ「自分とは何者か」を確認していきます。

③「それが達成できたらどのような良いことが手に入りますか」
―その先には何がある―

「自信だと思います」

「今は自信がないということですか」

「そうだと思います」

「何か作戦はありますか」

普段、目標を会社から与えられている人もいると思います。また、ご自身で立てている方もいると思います。ただ単に、目標に向かって行う人と、「それができたらどのような良いことがあるのか」を押さえて行動する人とはその後が変わってきます。

これを「結果期待」と呼んでいます。この質問はとても効果的だと思います。

結果の後に何があるのかまで考えると相談者は達成意欲や成長度、自己効力感が高まると思います。

④「野球部で2番の打順はどのような役割ですか。それはご自身の性格に合っていると思いますか」―役割と性格の整合性―

「3番、4番、5番のクリーンナップにつなげることが役割です。自分自身もチームにいかに貢献できるかを考え、サポート役が向いているのかなと思っています。ですから2番は自分では性格に合っているのではないかと考えています」

一生懸命行っていることはサークルでもアルバイトでも何か役割があればそれについ

てご自身と結び付けてみるのです。

2番という打順を責任もって全うしているということです。どのような自分が見えてきますか。

⑤「できると思われている人の行動とはどのような行動でしょう」
―その人にあこがれましょう―

特に新入社員に問いかけると有効です。ポイントをおさえているかどうか確認するにはとても良い質問だと思います。また、できる人の行動を見ていない可能性もあります。

モデルになる人を意識するためにも是非質問してみてください。

「できると思われているとはどのような人でしょう」面談される方は是非ともできると思われている人の定義を明確にし、その人がどのような考えや行動をとっているのか、取材することが大事です。色々なタイプの社員がいると思います。情報収集してポケットに入れておくことでアドバイスができます。

⑥「あなたは社内外にどなたか師匠（モデル）はいますか？その人はどのような人ですか？」—どのようなことにあこがれていますか—

具体的にどの方をさしているのか。なぜその人をモデルにしているのか、確認してみてはいかがでしょうか。社外の人であればなおさら理由を聴いてみる必要があります。この質問は年齢についてはあまり関係ありません。管理職になりたての人は誰をモデルにしているのか聴いてみることです。どのようなマネジメントをしようとしているのか、目指していることを聴いてみてください。

⑦「そのときあなたの師匠ならばどのようなことをするでしょうね」—判断に迷ったら—

自分を見失っているときには冷静に客観視することで、考え方の修正をかけることができます。その師匠に聴きに行くかもしれません。そのような行動がとても大事だと思います。行動することによって道は開けていくと思います。

⑧「仕事を進める上で一番大事なことは何ですか」
―最も基本で大事です―

私が普段最もよく聴く質問です。

１００人に聴けば１００通りでてくるかもしれません。「準備だ」と言う人もいれば「人間関係だ」と言う人もいるかもしれません。「目標が一番大事だ」と言う人もいるかもしれません。

「なぜそのように思われているのですか」「それはいつごろからそのように思われましたか」きっかけと時期は聴くようにしています。その人の根幹にあたる部分です。

これからも同様に大事にしていくのでしょう。その人らしさにもなると思います。

⑨「あなたはどのようなときに成長を感じますか」
―スキルアップを意識しましょう―

成長をどのように捉えているのかです。日々活動していて成長実感があるかないかです。これは管理者にとって、あるいは人事にとってはとても大事な質問です。成長実感がなければ転職する可能性が高いからです。順調に育ってきているのか、本人は何をもって成長としているのか、是非とも確認が必要です。

⑩「現在のサークル（アルバイト）を行って、行う前と後ではどのようなことが違いますか」
―実施前と後の違いはとても大事―

何かを行うということは、その前とその後の考え方、行動に変化が生じてきます。例えば「私は人前で話すことが苦手だったので大学では放送部に入りました。演劇部に入りました。落研に入りました」「今ではどうしたら人にわかりやすく話ができるか、考えながら行っています」「準備がとても大事だとわかりました。話をする前にはかならず色々なことを想定しながら準備を行っています。そうすればあがるということもなくなりました。自信がつきました」「今ではどのように笑いを起こそうかを第一に考えています。そういう意味では余裕が出てきたのかもしれません」

苦手を克服するために挑戦できるというのはとても素晴らしいと思います。「だから挑戦する仕事を考えています」「挑戦とはどのようなことですか」というようにぼんやりしていた自分が自信を獲得した今、どのような仕事を選択するのか基準が明確になると思います。

⑪「会社を選ぶ基準は何ですか」——判断基準を考える——

この質問は「就社」です。メンバーシップ型採用の場合はどのような会社のどのようなことを一番に考えるかです。自身との関係で考えることです。最近ではワークライフバランスとの関係で「福利厚生」を上位にする学生も増えてきたと聞いています。

⑫「した方が良いのにしていないこと、しなくても良いのにし続けていることは何ですか」―「まあいいか」にしていること―

この質問は仕事の仕方を問いかけています。行動変容を促しています。何が問題で動かないのか。改善できない理由は何かを問いかけています。誰でもあるはずです。過去からそうやってきたからと思っていませんか。その理由自体がすでに考え方がストップしています。

⑬「グループで目標を達成したことは何ですか」―みんなで喜んだ場面を思い出そう―

サークルやアルバイトなどでどのようなことを目標としてみんなでどのように達成したかです。社会に出て周りと協力しながら行っていきます。単に協調性があるというのではなく、まとめておくことです。

「そのときに、あなたはどのような役割でしたか」「うまくいったことがあれば、それはどのような貢献ができたからですか」「そのとき、あなたはどのような気持ちになれましたか」「結局は仕事を進める上でどのようなことが大事なんですか」

⑭「このリーダーが成功するために、あなたはどのような貢献ができるでしょう」―貢献とは何でしょう―

つまり、自分自身のこととしてどのように捉えているかを聴いています。チームの一員としてどのような役割を担い、どのように関わっていく人なのかを聴いているのです。

上司が悪い、会社が悪いと、よく周りが悪いからという人がいます。

こういう人にはこの質問は有効です。「このリーダーが」を「このチームが」にしても良いです。あなたは何をするの?と自分事にすることで、逃げられないようにします。

⑮「チームリーダーとして一番大事にしていることは何ですか」

―役割の本質―

「モチベーションを上げることです」「全体が達成できることです」「困ったことをいち早く見つけてフォローにはいることです」色々と言われます。

リーダーというとメンバーに的確な指示をしなければならない。「どのようなタイプのチームリーダーを目指しているのですか」「チームリーダーとしてビジョンは何でしょう」「チームで何ができていたら良いのでしょう」「チームリーダーとしてどのようなメンバーを評価しているのでしょう」「メンバーから日々どのような言葉が出ていたら良いのでしょう」

チームリーダーとしての役割は何か、それを行うためにどのようなことにこだわりをもって行っているのかです。

⑯「一緒に取り組んでいるメンバーはこの状態をどのように感じているでしょうね」―コミュニケーションの本質―

管理職の方によく質問します。ドキッとする人がいます。「すみません。現状を伝えていませんでした」「みんなわかっていると思うのですけどねえ」「メンバーには日々状況を話していますし、対策も行っていますので、きちんと認識していると思います」

メンバーのことをどれだけ考えていたのか、自分自身のことで精一杯だと思います。周りのことを忘れがちだった自分を取り戻す質問だと思います。

⑰「チームが達成したらあなたにはどのような意味があるのですか」―仕事の意義・目的―

達成するというのはどのような意味があるのか。仕事だから目標達成は当たり前と考えている人は多いです。しかしあなたにとってはどのような意味があるのでしょう、と聴いてみるとどのような答えが返ってくるでしょう。

⑱「あなたは長所を誠実と言われましたがそのようにふるまっていることは何ですか」—裏付捜査—

「丁寧に答えを出しています」「質問者の求めるものを理解してお話しするようにしています」「メールがきたらすぐに返信するようにしています」「誠実に行って過去うまくいったことは何ですか」「ミスがなくなりました」「聞かれることが多くなりました」

性格的に自身でどのような長所があるのか、それを仕事との関係でいうとどのようなことがあるのかを整理して見ることです。強みが浮かび上がってきます。その強みをどのような仕事に活かすかというように結び付けていってはいかがでしょうか。

⑲「あなたが困ったり、悩んでいたりしてSOSを発しているとき、私たちはあなたのどこを見ておけば良いですか」—関わりの本質—

昔、メンタルヘルスの問題が増えてきた頃、ある本の中での米国経営者の質問です。読んだとき、このような質問があるのかと衝撃だったことを記憶しています。言われた人は安心すると思います。信頼感が生まれることと思います。

そのかわりここを見ていてほしいと言われたら、常に関心をもって見ることです。これを怠ると一気に信頼が崩れます。

⑳「仕事をしていて誰から何と言われたら一番うれしいですか」—究極の質問—

私がコーチングを学んで一番素晴らしい質問だと感じたのはこの質問です。この質問をすると100%の方がしばらく考え込みます。考え込ませる質問です。

誰からというのはとても大事だと思います。上司、取引先、同僚、家族、友人等どの人を対象にするかです。しかもどのような声をかけられたら一番うれしいのか。一番と言われると考えこみます。その人が仕事をするのに何を求めているのか、どのような声をかけたらモチベーションがあがるのか。とても素晴らしい質問で私は大事にしています。

「さすがだね」「あなたに頼んだら間違いないね」「君と一緒に仕事ができてよかった」「いつも頼りになる」「仕事が楽しくなるね」「あなたと仕事をするとミスがなくなった」

これらは「存在感」を表す言葉が多いように感じます。ということは周りの方々にそういう言葉を投げかけていくと働きやすいとか皆さんやる気になるとか、モチベーションアップの投げかけになるのではないでしょうか。

ある30代の女性ですが「良い仕事をしているね、いいもの作っているね」と言われることに喜びを感じると言っていました。

常にその人の言動を観察することで投げかけやすくなると思います。

伝えた後の表情の変化を見逃さないでください。

同じような質問ですが、最近よく使っている質問があります。

㉑「これから仕事を進める上で、周りの人たちからどのように思われ続けたいですか」―アイデンティティを考える―

この質問は今思われていることを考えることになります。これからも同じように思われたいということです。その人のアイデンティティと言えるのかもしれません。それほど大事な要素なのです。

ある50代の男性は「役に立っている。辛くても乗り越えられる。プロセスを認めてもらえることでモチベーションが上がりますね」と言っていました。

「信頼です」きっぱり言う人もいます。

「やさしさです」と言う人もいます。

「信頼される人とはどのような人でしょう」と聴きます。

「ぶれない人かなあ」

「一貫性があるということですか」

「そうだと思います」

「いつごろからそう思うようになりましたか」

「入社して3年目くらいでしょうか。取引先から指摘されたことがきっかけだと思います。そのときは聞くことにいつも一貫性がなかったように思います。そうしたら信頼がないと言われたことがあり、それから一番注意して気にするようになりました」

これもその人の価値観を問いかけるものでもあります。

㉒「現在あなたは仕事（夢の実現等）をする上で今の自分に何点つけられますか？」―自己採点の意味―

「70点ですかね」昔であれば私は必ず「残りの30点は？」と聴いていました。ですがコーチングは過去を振り返ることはしないのです。

㉓「来年同じことをするとして80点にするには何をしますか」
―この質問は一番驚いた―

この質問にも衝撃を受けました。

10点を上げるために何をするのか。30点の不足している点を述べることとは違って10点をどのように捉えるのかです。要するに10点の重みを聴いています。1点の重みを聴くこともあります。その人にとって1点とはどのような認識なのでしょうか。それを問いかけてみることです。

㉔「この半年間で何を試しましたか」
―CANの輪の大きさを大きくする方法―

改まってこの質問を受けると皆さんうーんとうなる人が多いです。
上司と年に2回、半年ごとに目標を設定して期が終わったときに評価を話し合うと思います。

これはすでに目標を期初の前に決めてあるので期末が終わったときには、そのことについて話し合われますが、この「何を試したか」は期末が終わって何か行動に起こしたかと聴いていています。自律させるにはこのような質問が必要だと考えます。

半年間で何を成し遂げたか答えることができる人は目標意識の高い人です。この積み重ねがＳｔｏｒｙになります。

「ちゃんと仕事をしています」「言われた通りにきちんとしています」という人は多いと思います。色々な人を見ていて思うのですが、きちんと言われた通りに行う人はＡＩがとって代わる可能性が高いです。時間を短縮するとか、別のデータを参考に仮説を立てるとか、何か試すことによって改善するということをやった人はどこの企業も欲しいと思います。

この積み重ねが将来のＣＡＮの輪の大きさを大きくするものと思います。

㉕「そのときに戻ってご自分にアドバイスするとしたら何と言いますか」―同じ過ちをしないために―

今だからこそ自分を振り返って総括をするということでしょうか。間違った判断をしないために何をすべきだったのか確認しておくということです。次に何か判断しなければならないときにはこの判断基準を元に考えることでしょう。

㉖「あなたはどこに向かっているのでしょう。そこにたどり着くためにこの5年でどのようなことができたら良いでしょう」―意識することの大切さ―

将来の目標を常に問いかけることは大事です。これがないと「WILL」や「CAN」の円の大きさが小さくなっていきます。

成長度を測る上でこのような質問はとても大事です。

不足している点を認識し、どのように解決するかを考えることです。
常に「現在地」を確認しておくことでご自身の立ち位置もわかります。

㉗「仕事を進める上で絶対譲れないこととは何でしょう」
―こだわりは誰でももっている―

その人にとって自信をもっていることなのでしょう。今までうまくいった経験があるのでしょう。こだわり、価値観など色々な要素が入っています。

㉘「それは素晴らしいですね。そこまで何がそうさせたのでしょうか」
―あなたの「私ブランド」がそうさせた―

そこまでと言うからには相当な「覚悟」があったと思います。その「覚悟」を聴くことでその人の「私ブランド」が見えてきます。

㉙「好きな言葉、大事にしている言葉はありますか」―行動への影響力―

どのようなことに反応するかということです。

好きな言葉や大事にしている言葉は誰かから聴いた言葉なのかもしれません。自分が身をもって感じたことなのかもしれません。現在の自分があるというのはこの言葉があるからといってもよいのではないでしょうか。軸になっているものといえます。

㉚「あなたは何をしている自分が好きですか。輝いている自分とはどのような場面でしたか」―キラキラしていた自分を振り返る―

私は必ず「場面」を聴きます。そこまで深く具体的にさせます。

今後何をしたら良いかわからないと言う相談者には必ず聴いています。

「小学3年生の夏休みにカブトムシをとっていた自分」と言うかもしれません。「毎日とることも楽しかったですが、その後観察して変化を見ているのが好きでした。」「そうでしたか。だから今、研究者になっているのですか？」「だから今、人事の仕事をされているのですか？」虫の観察、人の観察、いつの時代か、そのときには集中力、注意力、達成感、夢中に取り組んでいたと思います。何故夢中になったのでしょうね。何がそうさせたのでしょうね。それができたとき、何が手に入りましたか。どのような気持ちでしたか。それに近い仕事はどのようなことがありますか。

㉛「あなたはどのような仕事が向いていると思いますか。どこを見てそう思いますか」―関連性、一貫性―

深堀り質問をしていって、最後に結局「私ブランド」を仕事と結び付けるのです。私ブランドが明確になれば何が自分に合っているのか、イメージがしやすいです。まずはどのような職種があるのか情報収集も必要になります。

㉜「自分の良いところを10個お話ししてください」
―自分と向き合っていますか―

中々自分の良いところをすぐに10個言える人は少ないかもしれません。話をしていくうちに同じような内容が入っていることが多いです。つまりそれがその人がこだわっていることだと思います。

これらの代表的な質問例ですが、皆さんも同様にすぐに試してみたいと言ってくださいます。

まずは皆さんはどのような答えをしますか。

相談者からどのような答えが返ってくるのか、いつも楽しみにしています。

(6) 沈黙は怖くない

相談者に考えさせるということですが、昔は沈黙されると本当に困りました。すぐにこちらから再度質問をして沈黙の時間がなるべくないようにしていました。

しかし、沈黙の後、とても深い重要な言葉が返ってくることがわかりました。勿論相談者の表情を見ていて判断しています。理解できていないで困っていたりすれば別の切り口の質問をします。

おかげで沈黙が怖くなくなりました。平気で待っていることができます。その後に発する言葉に重みがあるからです。

そこで「私ブランド」を引き出すということはどういうことか考えていきます。

「魔法の質問」はすべて「私ブランド」を導くための質問です。

他の話題に道がそれていく場合がありますが、常にこの人はどのような人なのかを意識して聴いていくことです。

学生も社会人も「自分自身のこと」を理解しているか否かで判断が変わってきます。

自分自身はどのような行動特性があるのか、どのような強みをもっているのか、どのようなときに熱中しているのかなど、「自分とは何者か」を掘り下げて考えることです。行動に影響を与える「私ブランド」をどのように捉えているのかを引き出してあげることで相談者が行動の判断がしやすくなるのです。

中々自分自身についてはよくわからないことが多いです。だから面談者が「質問力」と「深掘り力」を使って引き出してあげることによって相談者は自信を持ち、自律していくのです。

「私ブランド」が理解できたとき、「だからいつもこういう考え方や行動をとっていたのか」と自身の特性を理解することができるのです。

関係を構築することによって相談者は「来て良かった」と思うわけですが、「私ブランド」が理解できれば「心から来て良かった」と面談者とのやりとりが相談者の記憶に残るはずです。

ですから相談者との面談の中では「私ブランド」に向かって進めていくことが良いと思います。

自身の特徴がわかったことで、それに合う職業を追及することが最も効果的と言えます。

（7）会話の中の繰り返しの言葉はとても重要

キャリアコンサルティングをしていて相談者から何回も同じ言葉が出てくる場合があります。相談者は一生懸命考えながら話をしており、無意識の場合があります。同じ言葉が出てくるということは「私ブランド」をある程度認識しているということになります。

先日、塾講師のアルバイトをしていた学生がいました。「退塾率30％を0％にすることができました。現在インターンシップを行っていて新規開拓で電話の回数を目標にしています。努力するということは行動量のことと思っています」と話の中で数字にまつわることが何回もでてきました。

私は「あなたの話の中で数字に関係していることが多く出てくるけど、自分ではどのように考えていますか」と聴いたら本人は無意識に話をしていたようです。

同じ言葉でなくてもこのように数字に関することなど、複数回でてきたら必ず聴くようにしてください。

「自分ではどのような仕事が向いていると思いますか」と聴くと「やはり営業でしょうか」と即座に答えます。目標が明確な仕事に熱中できるのかもしれません。

「魔法の質問と傾聴」
キャリアコンサルタント
国家資格更新講習
受講者からの感想

「今まで自分が思いつかなかった深掘り質問の具体例はすぐに実践しようと思った」

「明日からすぐに実践できる内容だと感じた。クライアントだけでなく、部下に対しても深掘りするための魔法の質問をして自身に前向きに業務に取り組んでもらえるような支援をしていきたい」

「質問内容で相談者の回答内容が変わってくることを身をもって理解した」

「明日部下に質問したらどのような答えが返ってくるか楽しみになった。ワクワクしてきた」

第4章

「私ブランド」の導き方

——そうか、これまでの私はこういう人間だったんだ——

（1）学生に対するコンサルティング

①公式を考える（図⑥）

熱中体験 × 表現力 × 私ブランド × 仕事理解

私ブランド

・裏付けになる活動が出るまで深掘りする
（無意識で本人は気づいていないことがある）
・私ブランドは自身の暗示
自分は人と接するのが苦手↓本当はそうではない↓
向上心が本当の自分だがポジティブな私ブランドはさらに深く高めていく↓自信

◀ その学生の本質を気付かせ、言語化させる

学生自身の自己概念を引き出す「深掘り力」が大事（図⑥）

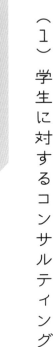

公式にすると「熱中体験」×「表現力」×「私ブランド」×「仕事理解」です。「熱中体験」はすぐそこに就職活動が始まろうとしていれば、時間的にもう変えることはできません。ある意味では勝負はついています。

入学したら卒業までにどのようなことを成し遂げるのか、つまり、就職にあたり面接では大学に進学した理由を聴く場だということです。

社会人で転職をする人は今まで所属した部署で何を成し遂げたか、どのような手ごたえを感じたのかを聴かれるということです。

熱中体験はとても大事な要素です。

しかし、まだやりようがあります。何故なら「私ブランド」「表現力」「仕事理解」は「ナラティブアプローチ」を使っていかようにも相談者の意向に沿って言語化することができます。ここに面談者の役割があります。

学生に限らず相談者は今までやってきたこと（事実）のみを語り、職務経歴書やエントリーシートに記入しています。

「それを基に自身が活躍できる仕事をアドバイスしてよ」と言っているように感じます。

企業採用担当者は「君を採用したら当社にどのように貢献してくれるの？」と聴いて

いるのです。当然学生はアルバイトをしている人は多いものの、仕事をして貢献するというイメージがよくわからないと思います。

企業採用担当者はサークル活動、アルバイト、勉強、ボランティア、留学等でどのような行動をとってきたのか、どのような成果があったのか、実施した背景等聴きながら、当社で働くイメージを持ちます。つまり、「再現性」を見ています。

自律しているのか、創造性はあるか、コミュニケーション能力はどうか、チームでの役割、関わり、進め方、提案の仕方、ＩＴに強いか、弱点は何かなど何人もの採用担当者の目を通して最後内定を出すわけです。

それには何か一生懸命取り組んだ事柄のプロセス、結果、その後の行動の変化、考え方の変化等を聴くことでその学生の特性を把握します。

30年間学生と接してきてわかったことは行動の「共通性」、「関連性」、「一貫性」、「整合性」をまとめていくことでその学生は自身の「私ブランド」を理解し、自信をもって社会に出ることができるということです。

行動概念図（図⑦）

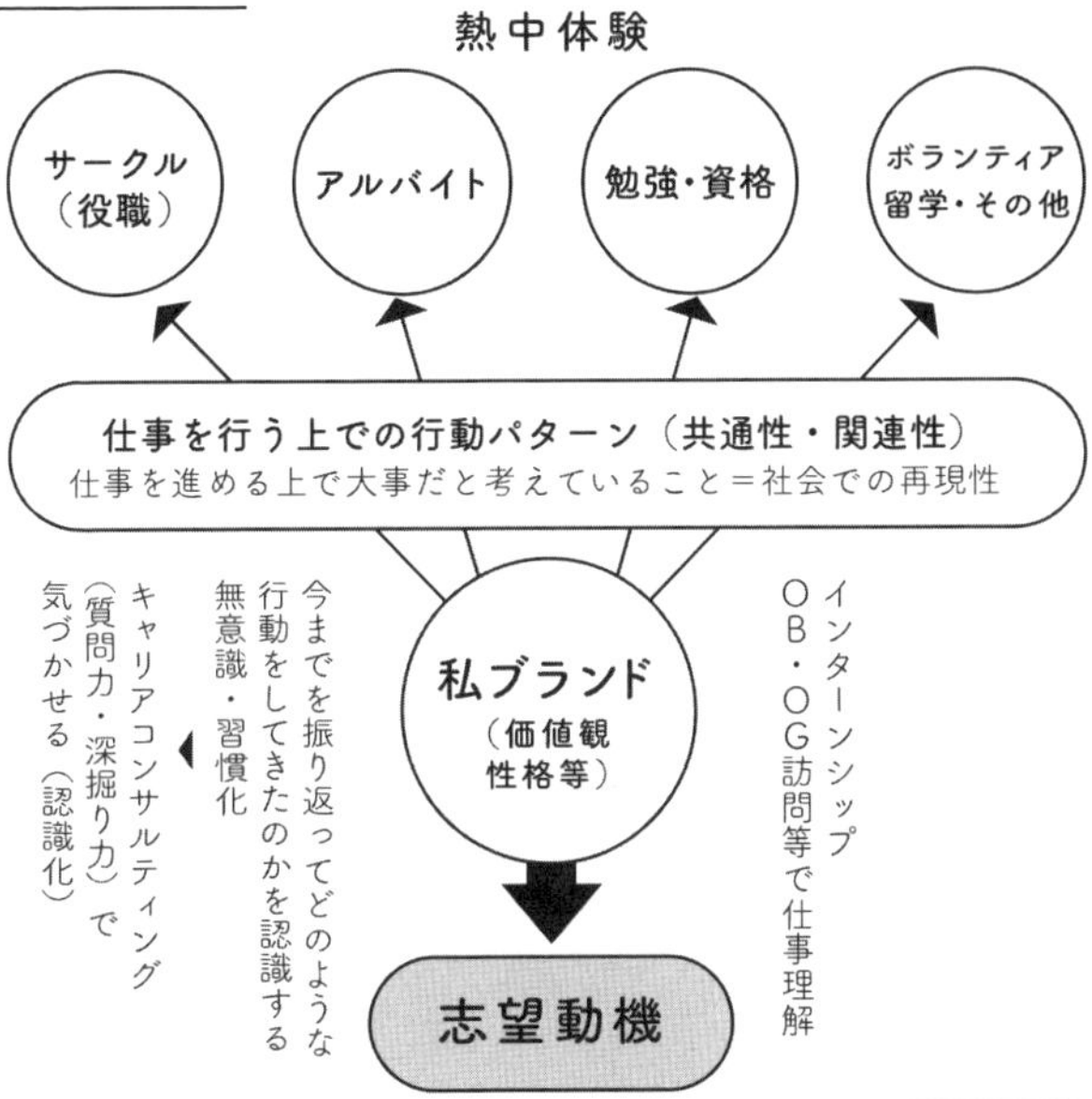

②「私ブランド」の作り方

行動概念図（図⑦）

サークル、勉強、アルバイト、留学、ボランティア等経験したことをそれぞれまとめることから始めます。

（ア）それを行った背景はなんでしょう。

（イ）成果に向けてどのようなことを考え、行動しましたか。

（Ｓｔｏｒｙにしてまとめることです）

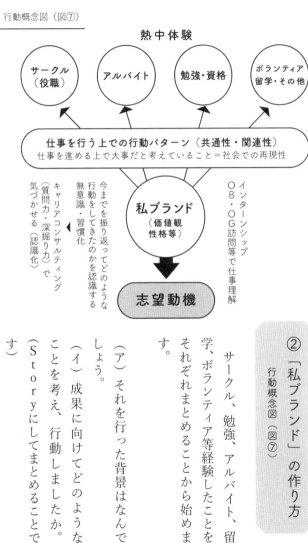

（ウ）周囲とはどのような関わりをもちましたか。
（エ）その成果はご自身にとって満足したものでしょうか。
（オ）その成果を出すために（仕事の進め方など）大事だと改めて思ったことは何でしょうか。
（カ）その後は考え方や行動に変化はありましたか。
（キ）性格はどのように認識しているでしょう。周囲の意見はどうでしょう。

③各項目の共通性を考える

過去印象に残っている学生が2人いました。2人を前にして就職相談を受けていました。私はあることをしていたのだと思います。1人の学生がある瞬間、「わかった」と言って、それまでメモを取っていましたが、それ以来全くメモを取らず、話を聴くようになりました。私は「本当にわかったの？」と聞くと「わかった。大丈夫です」と答えました。見事にその学生は志望企業に入社することができました。

もう1人の学生は「わからない。何がわかったの？」とわかったと言った学生に聴いていました。その学生はしばらくわからず、私の会社も受けてくれましたが、最終で落ちてしまいました。その後電話で「落ちた理由はわかっています」と話していました。「それでは次を一緒に考えよう」と言ってまた話を始めました。そうしたら電話口で「わかった」と言うのです。「本当にわかったの?」と聞くと「わかった。大丈夫」とそのとき目標にした志望企業に受かることができました。私はこの2名の学生を見ていて一体何を話したのだろうと振り返りを行いました。そしてわかったことが左記の通りです。

(ア) 各項目(サークル、勉強、アルバイト、留学、ボランティア等)で共通していることや関連していることをまずは俯瞰してみます。例えば行動特性、または考え方で共通していることはないでしょうか。

(イ) 一生懸命やってきたこと、サークルでもアルバイトでもよいのです。その考え方や行動が社会に出て仕事を進める上で大事なことと何か共通することや関連することはないでしょうか。ここは「再現性」を見ている人事担当者には一番大事な点です。

複数あればその学生の特長だと言えると思います。何故そのような行動に至ったのか、何がきっかけだったのかを探ります。

複数共通していること、関連していることがあるということは自分自身に「一貫性」があるということです。「一貫性」があるということは「整合性」があるということです。「整合性」があれば「辻褄が合う」ということです。聴いている方は納得感があり、信頼性を持つと思います。だからそのことが確立できた学生は希望の企業に内定が取れるのだと思います。

これが見えてくると表情が明るくなります。その学生のオリジナリティになるからです。

ここで面談者はそのことに対して「認める」「ほめる」「興味をもって聴く」等必ず行うことです。

初めて社会人に自身のことを「認められた」「ほめられた」という印象が強くインプットされます。それと同時に今までやってきたことは良かったのだ。間違っていなかったのだ。と認識します。これは大変大きな出来事になります。社会に出てもうまくやっていけるかもしれないと初めて思うことでしょう。

心から相談に来て良かったと思うわけです。そして「早く面接をしたい」あるいはこのやりとりを「早くまとめたい」と思うはずです。ここまでくればあとは自分でまとめていくことができます。つまり、自律したということです。

ここまでには相談者にイメージをさせることです。

志望企業内定の確率が飛躍的に伸びる方法です。

④「私ブランド」は私にまつわるすべてのものである

私は学生にコンサルティングする際に次のことを行っています。

・「わからないから教えてね」というスタンスでいます。
・共通、関連することはないだろうか、連想ゲームを自分の中でしています。
・オルタナティブストーリーになるように視点を変える質問をします。
・この学生は一言でいうとどのような学生なのか、「私ブランド」を引き出すことだけを意識してやりとりしています。
・フィードバックする際には必ず「今からフィードバックするね。間違っていたら違っていると言ってね」と言ってから必ずお話しするようにしています。

・例え話をしてイメージさせるようにします。話をしたあとは必ず「どう思った?」と確認します。

・学生の反応をいつも観察しています。表情の変化、笑顔、「そうなんです」など「自分とは何者か」が発見できたとき、終了とします。あくまでもセルモーターが回るまでが役割と考えて行っています。

(ア)「伝えるではなく、伝わるが私ブランド」

何年か前に学生と面接練習していたときのことです。

面談者「学生時代に一生懸命取り組んだことは何ですか?」
学生「はい。家庭教師のアルバイトです」
面談者「具体的にお話ししてください」
学生「はい。高校受験生を担当しました。初めはできていないところを何回も繰り返しました。残念ながら成績はあまり上がりませんでした。これではだめだと思い、生徒の話を聴くことにしました。どのように考えているのか、どのようにしたいのか、高校に入学したらどのようなことをやりたいか。部活動はどうか、ニーズを引き出すようにしました。そうしたら偏差値が上がり、最後は見事志望校に合格することができました。相手が何を望んでいるのかを聴くことの大切さを知りました。」

面談者「なるほど。生徒のやる気スイッチが入ったのですね。家庭教師以外に何か取り組みましたか？」

学生「はい。これはお話しして良いのでしょうか」と言ってもじもじし始めたので

面談者「どのようなこと？お話ししてくれる？」

学生「はい。実は町内会のお祭りのお囃子を小さい頃から行っています」

面談者「面白いですね。具体的に話をしてください」

学生「はい。年数、実力がある人は笛の担当になります。私も笛を担当しました。多くの観客の前で笛を吹くのはとても気持ちの良いものです」

さて、これを読んで面談者の皆さんはどのように考えますか。

私なりの解説を致します。

（a）「学生時代に一番一生懸命取り組んだことは何ですか」は「私ブランド」を引き出す単なるきっかけとして捉えています。

（b）始めから共通性はないか全体を俯瞰してみます。「行動概念図」を頭に入れて聴いていきます。

（c）家庭教師のアルバイトで初めは成績が思うように上がらなかったという課題があります。そこで生徒のニーズを聴き出していったらやる気が出てきたという事実があります。

（d）町内会のお囃子に注目しました。地元のコミュニティ、伝統を大切にする人だとわかります。

（e）チーム力も見ます。役割、どのようにチームに貢献しているかを見ます。

（f）人前で話をしたり、音楽をしたり、演劇をしたり、色々ありますがすべて何が目的で一生懸命取り組むのでしょうか。

（g）私は人前で行うことは「表現力」だと思います。つまり、見ている観衆にどれだけ「素晴らしい！」と感じてもらえるかだと思います。それは「伝わったとき」に感じることだと思います。

（h）では「伝わった」はどのようなときでしょう。私は聴いている、見ている観衆が「笑顔で拍手」したり「ブラボー」と声をかけたり、総立ちになったり、「反応」があったということだと思います。

（i）それを手に入れるためにメンバーは毎日何時間も練習し、ときには仲間同士意見が食い違ったり、けんかしたりしてリーダーの元、まとめ上げていくわけです。そのプロセスが最も大事なわけです。

（j）個人のスキルを上げるために人の何倍も練習したということを一番言いたい人もいるでしょう。これを「努力」と言うのでしょう。また仲間と一緒に試行錯誤して一つにまとめたことを一番に言いたいと言う人もいるでしょう。「チーム力」がどうだったかです。そうやって目標を達成したということ、大きな壁を乗り越えたら、その分達成感、充実感が大きいと思います。全員が涙を流して喜び合うという経験をする。これはとても大事なことで、若いうちに経験するとその後の人生にも影響があると思います。

（k）採用担当者は一緒に涙を流すこともあります。私も聴いていて涙を流したことがあります。つまり、「伝わった」ということです。人間ですから。

（l）「伝える」と「伝わる」は異なるということをお囃子と家庭教師のアルバイトで学

んだというのはどうでしょう。とフィードバックしました。

（m）「伝える」とは一方的に話をしたということです。例えばメールした、電話したという事柄です。相手が見て確認しようがそこは問題ではありません。見ない方が悪いということです。だから家庭教師で初めうまくいかなかったのはこれをやったからではないでしょうか。一方的に良かれと思って教えるわけです。そしてなぜこんなに教えているのに成績が上がらないのかと憤るのです。

（n）ニーズを聴いて勉強方法を変えていったら成績が上がったというのはこちらの思いが「伝わった」ということが言えると考えました。お囃子も観衆の「反応」がどうだったかを聴いて「伝わった」という実感を聴き出します。

（o）そして貴社で「伝える仕事ではなく、伝わる仕事をしたい」と宣言します。「伝わる仕事」とは営業、販売、総務、マーケティング、法務、人事、宣伝等何でも言えます。何故なら「コミュニケーションそのもの」だからです。自分の志望する仕事を言えばよいのです。

最後に学生に「どうですか?·どう思った?·」と確認します。

「例えばこのようなことはどうですか」と考えの視点を広げてあげる。そしてその人が経験してきたことを深く聴いてみる。決して「こう言いなさい」「このように考えなさい」ということはもちろん言ってはいけません。

30年前に採用担当をしていた際に、「一生懸命行ってきたことはアルバイトです。アルバイトで学んだことはコミュニケーション能力です。以上」と言う学生が多かったと記憶しています。そのような学生と「伝わると伝える」の違いをこの3年間でアルバイトと町内会のボランティアで学んだという学生とどちらを採用するでしょう。一目瞭然です。

「アルバイトで学んだことはコミュニケーション能力です。以上」表面的な話だけではこちらに伝わらないのです。

この学生は他にも「伝わった」経験があると思います。「そうか、自分はコミュニケーションをいつも大事にしていたんだ。それが自分だったんだ」と改めて気づくことが大切だと思います。

「私ブランド」を追求することは、「私ブランド」を引き出すということになります。

話をしていて相談者の表情が変わる瞬間があります。それをいつも逃さないことです。相談者自身が話をしている最中に「ハッ」と気が付くことも多いです。そして100%必ず笑顔になります。「自分は何者か」わかった瞬間だからです。

あとは自分自身でまとめていきます。自律した瞬間です。

この学生はこれからの人生、「伝わる」ことを大事にしていくことでしょう。

(イ) 水泳部「改善することが私ブランド」

水泳部（競泳）に所属していた学生がいました。

彼はタイムも良く、大きな大会に出場していました。彼と話をしていて競泳をする人とはどのような人なのかを思いながら話をしていました。

彼らはコンマ1秒でも早く泳ぐことを目標に日々努力しています。大変な努力だろうなと思って聴いていました。そのうちこんなのはどうだろうと思って本人に話をしました。

「コンマ1秒ということは「効率への追求」だよね。つまり、自分自身の無駄な肉体、無駄な動きをいかに省くかが勝負と言えるかもしれません。それを毎日試行錯誤しながら改良している。そうして試合当日を迎えるのですね」彼は「そうなんです」と言います。

「それでは例えばこんなことは言えるでしょうか。私は「カイゼン」をします。いかに効率よく効果を発揮するか日々改善しています。だから、御社に入社したら「カイゼン」を先頭に立って行います。今まで「カイゼンすること」を身をもって体験してきました。身についています」この話をした瞬間、彼は笑顔になって「その通りです」と言ってくれました。それからは自分でまとめることができます。今までの自分の思いを思い出しながらストーリーにしていったのだろうと思います。ここからはもう自分でできます。自律したということです。

のちに彼は8社から内定をもらったと聞きました。各業界の売上トップの企業を受けていましたからどこに決めようか悩んでいました。自分の信じた企業に入社して頑張っています。

(ウ)「和」が「私ブランド」

文学部日本語学科に在籍している学生がいました。私がこの共通性、関連性を初めて行った学生です。

彼女のサークルは茶道部で部長をしていました。それと同時にオーケストラ部にも所属していました。大変忙しかっただろうと思います。

オーケストラ部ではヴァイオリンを担当していて初めは後ろの方でみんなについていくことで精一杯だったそうです。それが4年生になったときにはコンサートミストレスにまで上り詰めたのです。これだけでも大変な努力です。これだけ語っても十分に相手に伝わることだと思います。

彼女から話を聴いたときに「日本語学科」「茶道」この2つの項目を聴いて、私は「和」というイメージをもちました。「和」から連想することは「協調性」「責任感」「誠実」とかいう言葉が浮かびました。

人事を私もやっていて感じていたことですが、ありきたりの言葉は頭に残りません。残念ながら学生はありきたりの言葉を使いたがります。

「和」から連想して「協調性」を選択しました。但し、「協調性」に変換できる言葉を探しました。そこでオーケストラ部です。これも「協調性」が大切です。そこで話をしたのが、「協調性」ではなく、「ハーモニー」という言葉です。

御社に入社しましたら「ハーモニーを奏でたい」「ハーモニーを大切に仕事をしたい」ここだけ横文字にしたらどうでしょう。いかがですか」と提案してみました。

その瞬間、笑顔になりました。「私が一番大事にしてきたことは協調性です。でも表現を変えることで生き生きしてきますね」そこからは自分で進んでいくことができます。

彼女は茶道部部長でもあり、話のネタは事欠かないのです。それだけ頑張り屋さんだということです。どれを選択してもその頑張り屋が相手には伝わると思います。

関連性を見ることです。こじつけにとられるかもしれません。でも聴いてみると大抵は笑顔になります。

(エ)「最後が大事」が「私ブランド」

女子ゴルフ部部長をしている学生と話をしていました。

「どのクラブが得意なの?」と聴きました。「パターです」とニコニコして彼女は言いました。そこでパターを連想してみました。ゴルフは最初ウッドでプロであれば300ヤードを飛ばしていきます。その後アイアンを使ってきざんでいきます。最後グリーンの上で穴に向かって入れるのに使う道具がパターです。私は最後に決める大事な場面で使うものということで、彼女にこんなことを言えるかなと言って話しだしました。

「私は書類を提出する際に、何度も読み直して誤字脱字がないかよく見て確認してから提出します。それが私です」

「そうなんです。そうしています」と即座に彼女は言いました。

「何回も読み直して間違いがないか確認すること、つまり正確に行うことをゴルフで学んだのです。だから御社に入社したら正確に間違いなく仕事を進めてまいります」

自分でその後このようにまとめていきました。

彼女は銀行員になりました。

(オ) 背番号10番が「私ブランド」
サッカー部の学生がいました。

「背番号は何番なの？」何気なく聴いてみました。

「10番です」その当時まだサッカーも日本でのワールドカップ以前で、こんなに人気とまではなっていませんでした。10番がどういう番号か知りませんでした。

「10番とはどのような番号なの？」と聴くと

「知らないんですか？メインです」と言っていました。

「それならば御社に入社して10番つけたいですと言ったらどうだろうね」

その瞬間彼の目が輝きました。

「そうか！」といって自分でメモし始めました。今は損害保険会社でロンドンにいます。

（カ）レギュラーが「私ブランド」

有名な大学のラグビー部の学生と話をしていたときです。１００名は超える部員がいますから中々レギュラーになるのには至難の業でした。

彼は「最後まで頑張ったのですが、レギュラーになれませんでした。だから御社に入ってレギュラーをとりたいのです」と目を輝かせて話をしてくれました。

今では商品開発で責任者をしています。

熱意を語るということはただ、頑張るというより、一生懸命やってきたことにつなげて話をすると相手は納得する確率が高まると思います。

今までの学生とやりとりをしてきてそれが内定を取る一番の近道だろうと考えて、今でも連想ゲームをしています。

ありきたりの誰でも通じる言葉ではなく、一生懸命行ったことにまつわることで表現すると相手に伝わりやすいのではないでしょうか。つまり、一生懸命行ったことによって○○を学んだのです。それを貴社に入社したらそれをこうしたいです。というように結び付けるとＳｔｏｒｙになって聞く方はわかりやすくなります。

（キ）野球部ショート、２番が「私ブランド」

野球部で守備はショート、打順は２番という学生がいました。
「ショートとはどういうポジションだと捉えているの？」
「打順が２番とはどういう役割なの？」と聴いてみると
「クリーンナップにつなげる大切な役割なのです」というようにチームが勝つための貢献という印象が強いです。ショートは三遊間に来た打球を三塁手と互いにフォローしあって打球を処理する。助け合いのポジションでもあります。手堅いという印象でもあります。

私は「そのポジション、打順とあなたの性格に合っていると思う？」と聴いてみました。

「合っています。チームに貢献するために自分は何ができるのかをいつも考えています。そして助け合うことを一番大事にしています。」

「入社したら2番ショートを担当してみたらどう?」単に会社に貢献したいというより一生懸命してきた野球を例にとって同じように社会に出てもやっていきたいという方が説得力はあると思います。

(ク)「私ブランド」はバーレッスン

バレエをしていた学生にレッスンで何が一番重要なのですかと聞いたら「バーレッスンです」と答えたことがありました。つまり、準備が一番大事だと認識しているわけです。このような人は仕事を進める上でも「準備」の大切さを十分認識しています。「御社に入社したら1年で基本を身に着けます。バレエが教えてくれました」今まで一生懸命やってきたことがどのようなことなのか、それを入社したらぜひ実現しますということです。

皆さんに聴くとヒントをいっぱいお話ししてくれます。

（2）社会人に対してのコンサルティング

①「私ブランド」の作り方（基本的には学生のやり方と同じです）

（ア）今まで所属した部署ごとに行ったことをまとめます。
（イ）学生のときは「背景」でしたが、社会人は会社の方針に対してどのように解決しようとしたのかです。会社の所属している部署に求められるミッションということになります。
（ウ）その課題に対して仮説を立てて工夫して行ったこと、成果はどうでしたか。
（エ）周囲とはどのような関わりをもちましたか。
（オ）その成果はご自身にとって満足したものでしょうか。
（カ）仕事を進める上でどのようなことが重要でしたか。新たに気づいたことは何ですか。その後の考え方や行動に変化はありましたか。
（キ）性格はどのように認識しているでしょう。周囲の意見を尊重します。

②各項目の共通性・関連性（図⑧⑨）

行動概念図（上：図⑧）・（下：図⑨）

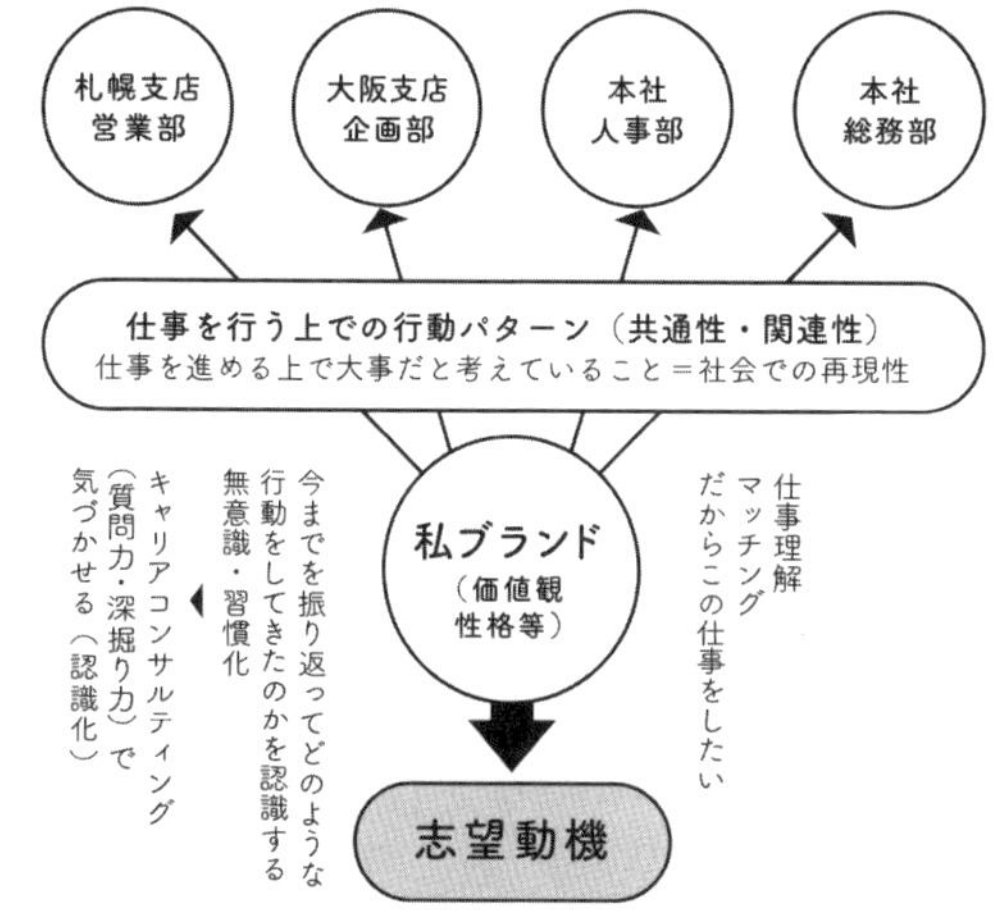

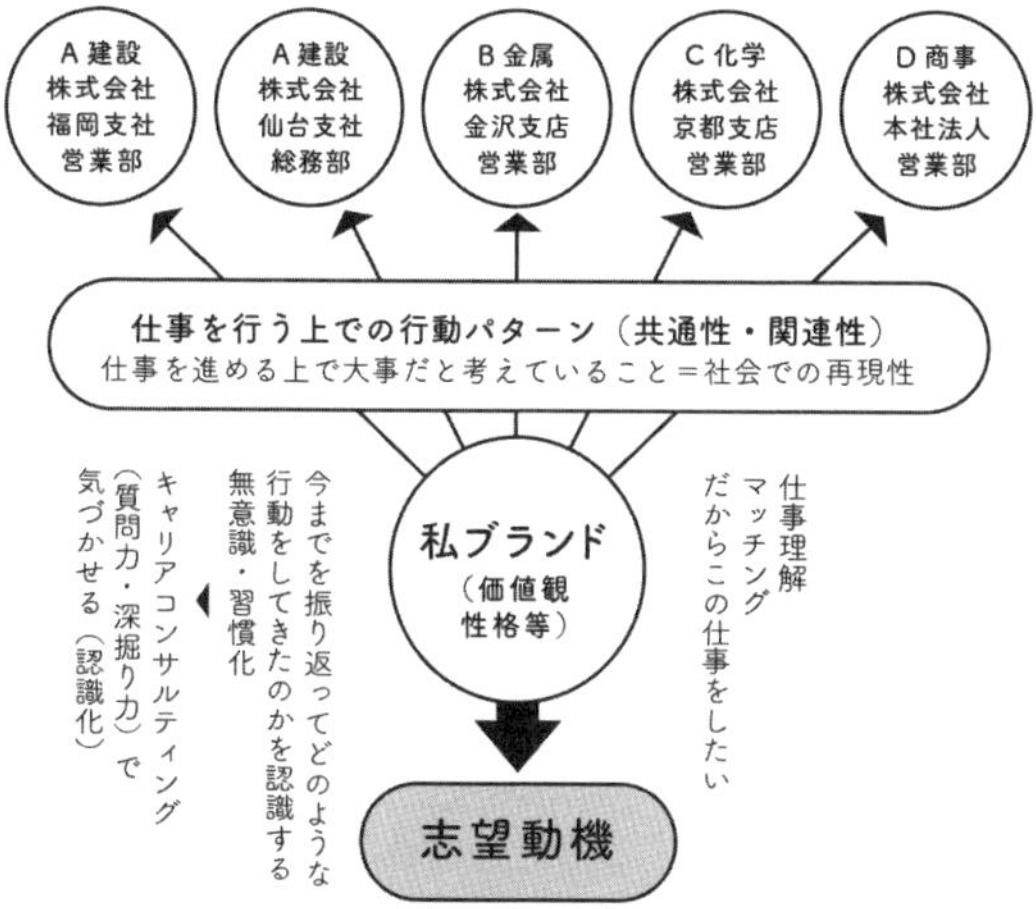

入社して今まで1社しか経験がない方は各所属（札幌支店営業部、大阪支店企画部、本社人事部、本社総務部等）をまとめます。（図⑧）

何回か転職されている方は各企業でやってこられたことをまとめます。（図⑨）共通していることはないでしょうか。それを探します。例えば行動特性、または考え方で共通していることはないでしょうか。

複数あればその人の特徴だと言えると思います。何故そのような行動に至ったのか、何がきっかけだったのかを探ります。

あとは学生のときと同じです。

その行動を振り返ったとき、もしかしたら小学生のときにきっかけがあったかもしれません。そこが原点なのか。新たな発見に結びつくかもしれません。

今までの環境によって考えが変わったり、そのやり方に近づこうとしたり、何らかの影響を受けることがあります。そこまでたどり着くと本人も納得し始めます。

その後一つひとつ変化を振り返り始めます。

（a）小学生の頃に職業を決めていた

出版社の編集の方と話をしていた内容です。

「私は小学生の頃近所のお母さんたちに「よく子供たちの面倒をみてくれてありがとう」と言われていました。そのことがとてもうれしくて近所の子供たちの世話を自分から進んでするようになりました。自分には子供に接することが向いているのではないかと思って疑うことなく、幼稚園の先生の資格を取って幼稚園に勤務しました。その後今の出版社で編集の仕事をするようになりました」

「絵本はキーワードになりますか」とお聴きしたら、はっとした表情をされて「そうかもしれません。今気が付きました」と表情が豊かになられました。

「私ブランドは働く環境などによって変化します。子供たちに絵本を読んでいるうちに編集に携わってみたくなったのかもしれませんね」

「そうです。そうです。そういうことなんですね」

「今度は実際に著者として絵本を書くかもしれませんね」というお話をしました。

まさに小学生の頃に近所のお母さんたちから子供の面倒を見ることに対してほめられた、認めてもらえたという経験が今に生きているわけです。

また、「お話ししていると安心感がありますね」と申し上げたことがありました。

次の打ち合わせの際に「先日安心ということを言われてから意識して話すようにしていたら、数人から同じように言われました」とその後話してくださいました。

「安心感」は幼稚園児にとっては絶対の要素です。

「相手に安心感を与える仕事が向いているということなんでしょうね。「私ブランド」なんだと気が付きました」

現在の仕事に結びついているのであれば自信につながると思います。今後見つけていきたいのであれば「私ブランド」を追求した方がはやいのではないでしょうか。

(b)「自律」が自分のテーマ
定年を迎えたときに今までのことを振り返ってみました。

入社後8年間営業でした。当時は目標の1・5倍をチャレンジする企画がありました。私は3回挑戦しましたがすべて失敗しました。チームメンバーもやる気を失っており、入社3年目の4回目の挑戦は色々と自分で対策を考えました。

そもそもなんでこんなことをやるのだろうと考え直してみました。チームメンバーも理由がわからず、もう負け戦はやりたくないという考えでした。リーダーである自分の

著者の行動概念図（図⑩）

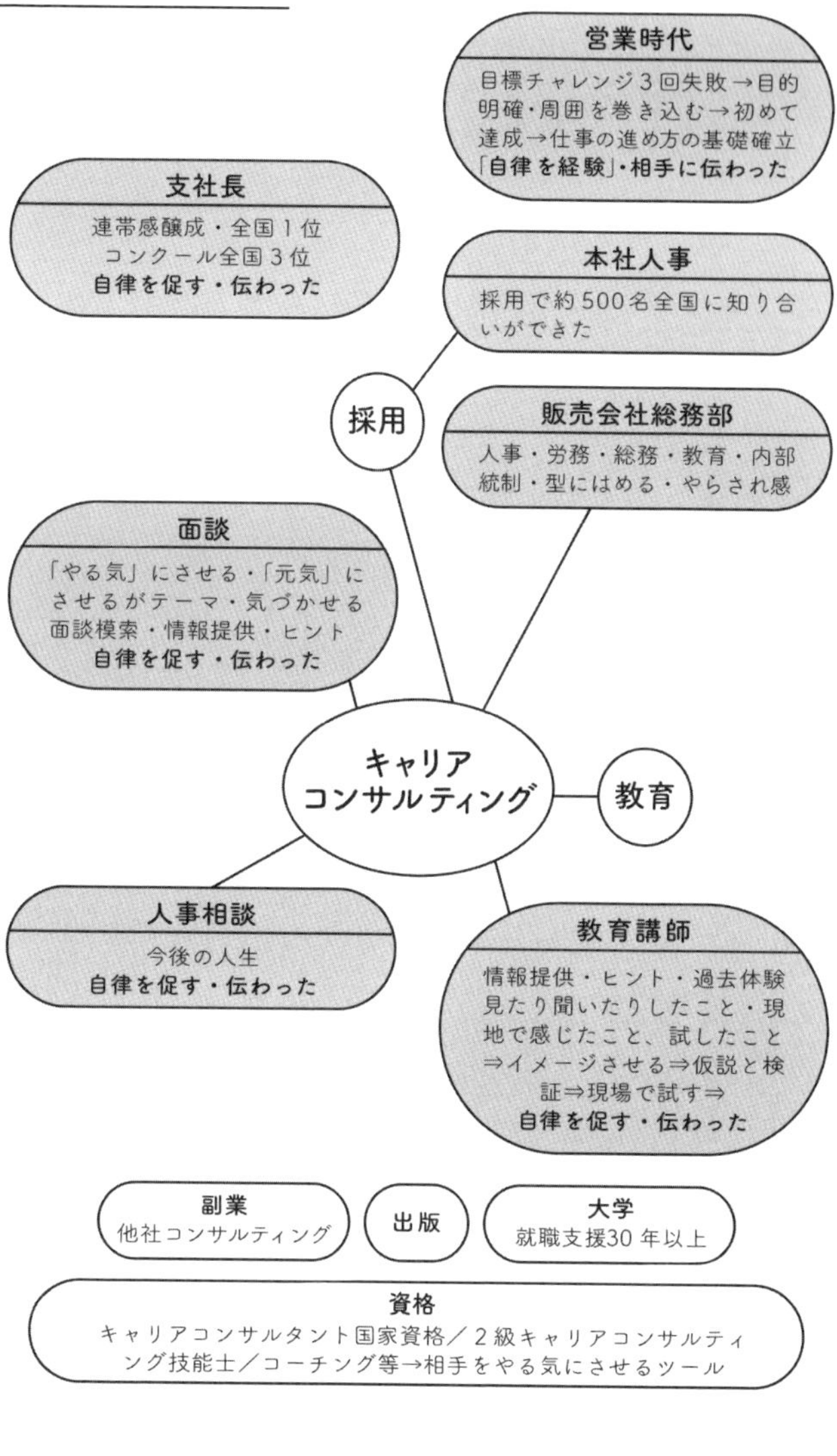
営業時代
目標チャレンジ３回失敗→目的明確・周囲を巻き込む→初めて達成→仕事の進め方の基礎確立「自律を経験」・相手に伝わった
支社長
連帯感醸成・全国１位
コンクール全国３位
自律を促す・伝わった
本社人事
採用で約500名全国に知り合いができた
採用
販売会社総務部
人事・労務・総務・教育・内部統制・型にはめる・やらされ感
面談
「やる気」にさせる・「元気」にさせるがテーマ・気づかせる面談模索・情報提供・ヒント
自律を促す・伝わった
キャリア
コンサルティング
教育
人事相談
今後の人生
自律を促す・伝わった
教育講師
情報提供・ヒント・過去体験見たり聞いたりしたこと・現地で感じたこと、試したこと⇒イメージさせる⇒仮説と検証⇒現場で試す⇒
自律を促す・伝わった
副業
他社コンサルティング
出版
大学
就職支援30 年以上
資格
キャリアコンサルタント国家資格／２級キャリアコンサルティング技能士／コーチング等→相手をやる気にさせるツール

責任を痛感しました。どうしたらメンバー、取引先がやる気になるかだけを考えました。

そして「目的明確」「役割分担」「関わり方」を考えました。

テキストを作成し、全員に説明しました。

目的、組織、役割といったことを綿密に打ち合わせしました。取引先にも1か月間の企画を説明、納得してもらうことにより、ようやく達成することができました。

ほっとしたことは勿論ですが、どのように仕事を進めたらうまく回るのか体験できたことはその後の大きな財産になりました。

まさに自分事と捉え、「自律」することが大事であると身をもって感じたことです。

その後人事に異動し、採用と教育を中心に担当しました。同じ時期に母校から後輩の就職支援を依頼されました。この2つが自分の人生を決める出来事だったと考えています。

企業採用担当者としてどのような人材を採用したら良いのか、また学生としてどのようなことを話せば内定が取れるのか、両方の立場で研究できたことは大変有意義なことでした。

その後、販売会社総務部に異動しましたが、採用、教育の方へ力が入っていきます。

育成することの楽しさが人事のときに身に着いたからだと思います。

支社長、教育実施責任者と社員育成を専門に行うことができました。

ここではメンバーをいかに自主的に工夫させるかを意識しました。そのためにはお客様、取引先様の現場がどのようになっているのかに視点を向けました。

支社長のときの成果は売上伸長率全国第1位でした。コンクールも上位に入りました。メンバーの「やる気」「自律」を目指した結果だと考えています。

講師のときにはまさに「伝わる」仕組みを考えました。人はイメージできると行動に移します。研修は研修で終了して現場に戻ったら元の通り何も変化はないということだけは避けようと色々な手段を使って教育を行いました。

今までの育成の集大成のつもりでした。

定年前の最後の仕事はシニアの人事相談です。ここで皆さん「WILL」「CAN」の輪の大きさのバランスが悪いことに気が付きました。

それまでの仕事の進め方、つまり「自律」が結論でした。

課題を解決するときに仮説を考え、工夫して検証します。そして成果を出すことの一連の流れを体験しているかどうかです。一連の流れがStoryです。

若い転職希望の方がいますが、この流れを体験しているかどうかです。もしていなければまずはその仕事でＳｔｏｒｙを体験することです。

採用する企業の担当者はここを重要視しているからです。

ミドルでもシニアでも同様です。課題発見と課題解決ということに言い換えられます。

仕事を通じて「私ブランド」を明確にすることで次の「ＷＩＬＬ」が決まります。できること、成果が「ＣＡＮ」です。会社（所属組織）ニーズの「ＭＵＳＴ」から課題を関連付けするのです。

私は「自律」させることにこだわりを持ち、関わってきたのだと振り返って明確になりました。「自律」させるためには情報提供してイメージを持たせ、認めたり、ほめたりして関係を築き、「やる気」にさせることにとても生き甲斐をもってきました。

現在も、この先もこのことが「テーマ」になると考えています。永遠のテーマです。

私の性格はどうでしょう。

・私は学生の頃、中学から大学までを振り返るとテニス部⇓陸上部⇓柔道部（町道場で剣道）⇒書道部⇒柔道部と転々としてきました。後になって気が付きましたが、これらすべて個人競技であることがわかりました。私はチームの中で切磋琢磨して目標を達成するということが苦手だったのです。集団の中では居心地が悪かったのです。集団でのサークルは避けてきました。

・柔道と剣道両方弍段を取りました。私は試合に勝って優勝するという価値観は持ち合わせていませんでした。弍段を取れば取り組んだという「証」になるというだけの価値観を持っています。仕事でも転勤先で何を身に着けたのか、どのようなことに手ごたえを感じたのかということを大事にしてきました。

・他人と違うことをやりたいという願望はありました。だから柔道と剣道を行ったり、出版したり、そういうことで存在感を示したかったのかもしれません。

・新入社員のときのチャレンジから「失敗するかもしれないがまずはやってみる」という経験を大事にしています。試してみたらうまくいくかどうかの判断が見えてくると思っています。この価値観は良い方向へ導いてくれたと思っています。

他者からは「バランス良い」「やる気にさせる」ということを言われます。

そのことを意識して行動していますのでうれしい言葉です。

「自律」をテーマにすると、本当に色々な人がいます。バランスよくそのような人ということを尊重しなければなりません。「やる気にさせる」はどのような人も同じです。やる気にさせるための努力をしています。

（c）私ブランドは「想造力」
30代の方とお話ししたときのことです。

その企業が掲げていることが明確でしたので、それに準じて何を行ってきましたかとまず尋ねました。

「安全」「品質」「生産性」がキーワードです。

それを実現するために相談者は「カイゼン」に取り組みました。

8年間で約400件の提案をしたということです。これはその企業のしくみでもあります。

カイゼン提案を習慣化しているということです。ご出身者は皆さんたいしたことは提案していないとおっしゃりますが、身近なことこそ無駄があるということです。

徹底するということはこういうことなのだとお聞きして思いました。

「何か無駄だと思ったら提案してください」という企業とは雲泥の差になります。企業力であり、社員の強さだと思います。

自分自身が行ってきたことですから自信をもって話をされます。

「性格」についてお聞きしたら大きく2つのキーワードが出てきました。

「責任感」と「優しさ」です。仕事を進める上でこの2点がいつも共通として捉えているということです。

一番大事にしていることは「想造力」ということにたどり着きました。敢えて「想造力」と字にこだわりを持っています。

一番本人がしっくりくる言葉であり、漢字なのだと思います。ここは強くこだわりを持っていました。

この職務経歴書を作成したとき、ご本人は大変すっきりした表情をしました。自分自身がこういうことを重要視して今まで仕事をしてきたのだと明確になったという安堵感です。

複数の企業から内定をいただきました。「私ブランド」がわかっていると堂々と面接を受けることができるという好事例です。

私は常に全体を俯瞰し、つなぎ合わせる作業をしています。連想ゲームを相談者の話を聴きながら行っています。そして一つにつなげていきます。ナラティブアプローチを毎回行っています。

そういう意味では推理小説を読んでいる感覚です。

犯人が誰なのか色々な場面を根拠に探っていきます。聞き込み（傾聴）を最も大事にしています。「質問力」と「深掘り力」を通じてその人の場面を共有します。エビデンスから要約したり感じたことを述べたりしながらすり合わせをします。つじつまが合う整合性、一貫性、共通性、関連性を紐解いて犯人はこれだ！と見つけるのです。

（d）戦略的思考法

シニアの人に

「いくつまで働きたいですか」と投げかけます。

「65歳までは働いていたいですね」

「その時期は人生最後の仕事として、どのような仕事をしていたら仕事人生で80点つけられますか？」

「うーん、そうですね。今までそのようなことを考えたことがなかったです。今までマーケティングの仕事をしてきましたからやはりマーケティング会社を起業することでしょうかね」

「そうですか。それは素晴らしいですね。なぜ起業をされるのですか」

「今までの経験の集大成として自分の考えたことがどのくらい通用するのか試してみたいです」

「その未来を踏まえて今、考えている転職はどのような意味があるのですか？」

「未来を達成するために次の仕事は何か不足していることを解決するための仕事でしょうか」

しばらく考えさせてほしいとその相談者はその日は帰られました。1週間後にまた来られて「あれからよく考えましたが、今57歳で65歳には起業したいと思っていることに自分でも驚いています。今から起業して経験を積んでいった方がうまくいくのではないかと考えるようになりました。目からうろこです」と言ってすぐに起業され、先日お会いしたら毎年順調に利益を上げているということでした。

私はたった一つの質問でその人の人生を変えるのだと責任の重さを痛感しました。

未来に向けてまだ語られていない、気が付いていないない自分を発見することができて、自分と向き合って会話するのです。

「本当はどうしたいのか」

未来を考えた戦略的思考法です。

未来の目標が明確になれば、それに向けて何を解決すれば目標達成できるかということを考えます。

可能性を限りなく実現に近づけると人生は充実したものになるのではないでしょうか。

「行動概念図」
キャリアコンサルタント
国家資格更新講習
受講者からの感想

「面談者の経験から共通項目を引き出してポジティブな「私ブランド」を形成し、深めていく手法はすぐに実践しようと思う」

「このような考え方があるのだと初めて知った。なるほどと思い、自分も作ってみようと思った」

「オリジナルとはこういうことかと思った」

「自分が学生のときにこのことを知っていたらもっと考え方や人生が違っていたと思う」

(3) 相手に伝わる表現力3か条

30年間学生や社会人を見てきて相手が納得するために大切なことは3つに集約できることに気が付きました。

①数値を入れる

数値で表現できるものは必ず数値を入れてください。聴く側は全体像がわかります。例えば学生で野球部であれば全体で何人所属して、現在リーグ何位でどこを目指しているのかということです。

社会人でも同じです。現在の職場のチームメンバーは何人であり、管理職であれば何人の部下がいてとか売上目標はいくらでとか数値を入れることによりイメージができます。

②第三者の言葉

そうはいっても数値が入らないこともあると思います。そういう場合は第三者の言葉を入れてください。つまり、客観視させるということです。判断基準を主観的でなく客観的にすることとです。

例えば「君がアルバイトに来てくれたおかげでお客さんがこの店は元気がいいねと言ってくれるようになったよ。ありがとう」と店長に言われます。

「君は皆の意見を取りまとめるのがうまいからゼミ長をやってくれたまえ」と教授に言われました。他者からの評価（証拠）があれば聴く側は納得しやすいです。

③言葉の定義

言葉の定義を考えることです。一生懸命行ったことから醸し出される表現をすることです。

（ア）「信頼」とは何か

例えば面談で「私は信頼を大切にしています」と答えた営業課長に「信頼の定義は何ですか」と聞いたことがありました。辞書には「信じて頼る」と読んで字のごとくでした。その課長は「信頼とは数ある競合メーカー担当者がいる中で取引先が困ったときに、いの一番に私に相談に来ること」とはっきりと言いました。この言葉は辞書に載っていないのです。一生懸命日々活動しているからこそこのような言葉が出てきたのでしょう。素晴らしい内容だと思いました。

（イ）「一生懸命」とは何を聴いているのか

採用で面接をしているときに、学生に「一生懸命やってきたことって何ですか」といつも尋ねていました。あるとき、自分は学生に何を聴いているのだろうと思ったことがありました。

一生懸命を辞書で調べると「封建時代に一つの場所を命がけで守った」とあります。昔は「一所懸命」でした。今の時代に「命がけ」とは何だろうと考えました。

私は大学のときに柔道部でしたが、あるとき、主将から「お前今度、団体戦に出ろ。大将だから」と言われました。今までは試合に勝つことより弐段をとることの方を大事にしていました。しかし、5名で戦う団体戦、しかも大将ということはつまり、自分の前4人までで引き分けたら自分で勝負が決まるということです。そのときに責任という文字が頭の中に出てきました。それから稽古が終わっても後輩にお願いして自主的に稽古を行いました。

当日の試合結果は1試合引き分け、あとは勝ちました。1試合引き分けたばかりに優勝を逃しました。このときになぜかわかりませんでしたが涙が出てきました。基本的には勝つという価値観は薄かったですが、やはり悔しさがありました。また、チームという責任を初めて感じたのです。チームメンバーに申し訳ないという気持ちです。

私の中では「一生懸命とは悔し涙、うれし涙」があることです。これがわかったときに採用面接でも判断基準が明確になりました。

（ウ）「道」とは何か

柔道と剣道をしていたので、茶道部、華道部など「道」が付くサークルに所属していた学生に尋ねることがあります。

「「道」とは何だと思いますか」

ある学生は「礼儀」だと言います。それも素晴らしい答えだと思います。その学生は礼儀を重んじているということです。

私は「繰り返し」だと考えています。最初に必ず準備体操ではありませんが柔道であれば受け身の練習をします。何回も何回も同じことを行います。するとあるとき感覚が異なってうまく回転したことを身体で感じます。もう一回やってみるとまた同じようにうまく回転した感覚になります。このときに「身についた」と感じます。つまり、基本を何回も繰り返すのです。「道」をやっている人は70歳になっても80歳になっても「まだ極められない」と言います。奥の深いものなのです。

プロは「昨日より今日、今日より明日」と言う人が多いです。日々成長しているということかもしれません。「道」を行っている人はプロと同じニュアンスのことを言うのだなと解釈しています。

（エ）コツコツやる人の特性

「コツコツと行う性格です」と言う人がいます。こういう人はどのような人なのでしょう。コツコツを連想したことがあります。「着実」「確実」「堅実」「忠実」「誠実」に「実践」すると「充実感」を味わう。これらはみんな「実」が入ることに気が付きました。「実」とは広辞苑には「内容のあること」「まこと。本当」「成果」などと書かれています。「実」の反対語は「虚」（中に何も満たすものがなく、からであること。心がむなしいさま）です。つまり、コツコツ行う人に「嘘が嫌いですか」「間違いが嫌いですか」と聴くと100人中100人が「嫌い」と答えます。速度は遅いかもしれませんが間違いなく正確に近づいていくことを意識して行っているようです。

だから「正確性」が重要な仕事（仕事はみんなそうですが）が強みを発揮すると思います。

（オ）名前はあなたそのもの

私は大学で後輩に就職支援する際には事前にエントリーシートをもらっていますので

毎年、学生の名前を漢和辞典で調べていってあげます。苗字ではなく、名前です。象形文字から変化して今の字になり、意味になっているわけです。それをご両親が大切に名付けてくださったわけです。

「その通りに育ってきました」という学生がいました。「今日帰ったらご両親にありがとうと伝えるんだよ」と言います。その学生は一生自分の名前を大切にしていくと思います。

「言葉の定義」
キャリアコンサルタント
国家資格更新講習
受講者からの感想

「言葉の定義、つまり相手と共通のことばの意味を認識してやりとりすることはとても大事だと改めて思った。意識して明日から使っていきたいと思う」

「今まであまり意識したことはなかった。相談者がどのように考えているのかもっと深く聴いてみたいと思った」

「同じ言葉でも言っている内容が人によって違うことがわかった。言葉の定義を確認することの大切さを学んだ」

第5章

流されない人生を送るために

―「生き生き」働くための第一歩―

（1）何事も準備が大事

我々はこのかけがえのない人生をどのように生きていったら良いのでしょうか。この章は相談を受ける人だけでなく、すべての人に対しての投げかけです。

幸せになりたいと人はよく言いますが、人によって定義は異なります。

お金持ちになって贅沢をしたいという人もいるでしょう。好きなことを仕事としていけたらどんなに幸せかという人もいるでしょう。特に災害や事故や病気をされた方は家族や大事な人と仲良く暮らせればそれで良いという人もいます。世の中に貢献できれば良いという人もいます。

この世に生まれてきてどのようなことを成し遂げることができれば良いのでしょうか。人は経験あるいは現在の環境からくる価値観や、性格や興味など「私ブランド」によって目指すべき方向が違ってくるのだろうと思います。

このままでよいのだろうかと考え始めるのは自分の役割や存在感がその組織で見えなくなったとき、先輩たちを見ていて同じようになるのは嫌だと感じたとき、組織が自分の価値観と異なった方向に動き出したときなどが多いようです。

そうであるならばご自身で何ができたら良いのでしょうか。

子供が学生だから、住宅ローンがあるからなど守りに入り、妥協することもあるでしょう。それはよくわかります。

ご自身ではどこに向かって歩いていくことがかけがえのない人生のゴールなのでしょうか。

私は「WILL」を先に聴くから漠然として出てこないのではないかと思います。

よく宝くじを買って当たったら、お店でも始めたいとかいう人がいます。

それは本当の「WILL」なのでしょうか。当たってから考える。大金を手にしてみたいという願望なのでしょうか。

スタンフォード大学の心理学者クランボルツはキャリア形成において8割は偶然の予期せぬことによって決定されると言っています。(計画された偶発性理論)

キャリアとはたまたまなのかと思われた方がいるかもしれませんが、クランボルツは計画性が必要だと説いています。

私は15年くらい前に本を書いてみました。出版社に送ってみても相手にされませんでした。

あるとき、仕事の関係である専門学校の理事長と話をする機会がありました。人材育成のこと、教育のことなどお話をしたところ、「君、本を書いたらどう？」と言われました。説明したところ、すぐに「出版社を紹介しよう」とおっしゃっていただきました。それから半年後に実現しました。今まで経験に基づいて考えてきたことがあったから、つまり準備があったからこそ出版の実現ができたものと確信しています。まさに計画的偶発性なのだと思っています。

クランボルツは計画的偶発性に重要な行動特性として①好奇心②持続性③楽観性④柔軟性⑤冒険心の5つを説いています。

私は書き上げてから2年くらい経っていましたがいつもチャンスをうかがっていました。そういう意味では楽観性や持続性をもっていたのだと思います。それに熱意も必要だと私は経験からそのように思っています。

また、私はここ数年ある程度1年間で何を成し遂げるか計画を立てています。今年はこれができたら良い、来年はこのことが成し遂げられたら良いというように大まかに立てています。あまり厳密に立てるとストレスになってしまいます。ここはご自身の性格にもよるのかもしれません。計画を立ててもズレてきます。でも計画を立てていなかったら本当に行き当たりばったりで終わります。

ほんのわずかな可能性に賭けるより地道に進めることしかないのです。

私は「受け身人生」から早く脱出することが大事だと思っています。

勿論性格的なこともあります。今を取り巻く環境もあるかもしれません。少しずつでいいから行動に移してみてはいかがでしょうか。

オリンピックやワールドカップを見ていて思うのですが、選手たちはこの4年間を本当に命がけでやってきていると思います。試合当日の一瞬のために4年間を過ごすのです。文字通り一生懸命です。それに引き換え自分はこの4年間どうだっただろうと振り返っています。命がけはありません。それならば近いことは何だろう。少なくとも計画的に過ごしたのだろうかです。人によってはもっとシビアに、あるいはもっと柔軟に。人それぞれで良いと思います。無計画だけはやめてみませんか。現状から脱出してみませんか。

(2) 受け身が文化の日本人?

これからの世の中は本当に不透明です。VUCAの時代です。受け身だと本当に流されてしまいます。かけがえのない人生を流された人生で終わるのはもったいないと思います。

何か仕掛けてみませんか。

「CAN」を振り返ることから始めてみてはいかがでしょうか。

私は「何ができると言われても特にこれといってないなあ」という人は整理されていないということだと思います。業務の中で改善とか工夫はされていると思います。ご自身にとって記憶に残ること(仕掛け)をされると良いと思います。

例えば社内外に自分の考えや実践してきたことを発表してみる。提案してみる。成果としてできたことをまとめておく。言語化してみる。ストーリーにしてみる。何か賞をとったら必ずどこが良かったか整理しておく。仕事に関係している国家資格を取得してみるなど。

日本の文化には謙虚さや柔軟性などを大事にしなさいという価値観の文化がありま

す。広辞苑に次のことわざがあります。

「郷に入っては郷に従え」（人は住んでいる土地の風俗・習慣に従うのが処世の法である）

転勤や転職する人に向かってよく「次のところに行ったら初めはあまり主張するなよ。周りをよく見ながらやれよ」などと言ったりします。様子を見ること、周囲との関係性を最も重視する民族ですからまず初めはおとなしくその組織のやり方を学び、その通りやってみることだとなります。

「石の上にも三年」（辛抱すれば必ず成功する）

「牛にひかれて善光寺参り」（ほかのことに誘われて偶然良い方に導かれる）

「果報は寝て待て」（幸運は人力ではどうにもならないから焦らないで静かに時機の来るのを待て）

「苦しい時の神頼み」（ふだんは神を拝まない者が、災難にあったり困りぬいたりするときにだけ、神の冤助を祈ること）

「出る杭は打たれる」（すぐれて抜き出ている者は、とかく憎まれる。また、さしでてふるまう者は他から制裁されることのたとえ）

などなど他にも多く昔から言い伝えられています。教訓的な言い伝えですので、どうしても慎重に謙虚に行動しなさいという内容が多く、幼い頃から体にしみこんでいますからどうしても一歩が出にくくなっているのではないでしょうか。

逆に主体的に動くことの重要さを表現したことわざも数多くあります。

「犬も歩けば棒に当たる」（物事を行う者は、ときに禍いにあう。また、やってみると思わぬ幸いにあうことのたとえ）最近は後述の意味の方が広まっているようです。

「清水の舞台から飛び降りるよう」（非常な決意をして物事をするときの気持ちの形容）

「虎穴に入らずんば虎子を得ず」（危険を冒さなければ功名は立てられないことのたとえ）

「好きこそ物の上手なれ」（好きなればこそ、飽きずに努力するから、遂にその道の上手となる）

私はこのことわざが好きです。今までの経験上、好きなことは続きます。上達も早いです。逆に嫌いな仕事はやりたくないし、逃げたい気持ちになります。まずはこのなぜ好きなのかを自身に問いかけてみることです。

「天は自ら助くるものを助く」（他人に頼らず自立して、奮闘努力するものを、天は助けて幸福を与える）

流される人生ではなく、自分の思う人生に変えてみませんか。教訓は意識しつつ、ポジティブなことわざを中心に唱えてみてはいかがでしょうか。

大事なことは今までの経験でCANを意識することだと思います。

ここまでで何が身に着いたか。それはどのように身についたのか。手ごたえを確認することだと思います。

行動概念図で説明した通りです。所属が変わるごとに手ごたえを整理することです。手ごたえを得るために意識して試すことをやってみてはいかがでしょうか。

今後はジョブ型採用が増えていくと思います。転職しなければ基本的に給与が上がらないとしたならば転職が頻繁に起こってきます。

新入社員意識調査では定年までこの会社に勤めたい人はわずか16・6％（2021年マイナビ）ということです。これからは自己都合に限らず会社都合で数社にわたって働き、定年を迎える人が増えるかもしれません。在籍年数が少なければ退職金も少なくなります。70歳まで働かなければ暮らしていけないという人が増えることになります。

(3)「私ブランド」は的確な判断につながる

過去様々な決断をして物事を進めてこられたことと思いますが、いかがでしたか。

高校の選択、大学の選択、就職、転職等様々な判断をして決めてきました。

日本人は教育の中で常に正解を求めてきましたから、社会に出て自分で決めて進めていくことに慣れていない人が多いです。

「私ブランド」を意識すると自分に適している仕事を見つけやすくなります。

社内公募があれば受けてみようという意欲が湧いてきます。

やってみたい仕事があれば人事に話をするという行動に出るかもしれません。

いずれにせよ自ら仕掛けることによってやりたい仕事に就く可能性が出てきます。

ただやってみたいという願望だけではなく、自分を知った上で、だからやってみたいという考え方にしてみてはいかがでしょうか。

また、急な早期退職の募集があったときもチャンスとして明確に行動できると思います。

ほとんどの人は早期退職に募集してから、さて次の仕事は何をしたらよいだろうと考えることになります。

かけがえのない人生を生き生きさせたいと考える人は何事も準備が必要です。心構えが必要です。気持ちの余裕、家庭環境の状況、経済的な観点など常に複眼的に冷静に判断することが守ることにもなります。若いときから「私ブランド」を考えることが良い判断を下すことができるのです。

（4）副業（複業）、ボランティアのすすめ

いきなり転職や社内公募に応募することに抵抗がある方は副業（複業）やボランティアをやってみることをお勧めします。リスク回避ができますし、自分に合っているかどうか確かめることもできます。時間や心に余裕がない人は無理にとは言いません。

今や副業（複業）を推奨する企業も増えてきました。大企業ほど多いようです。（副業・兼業を認めている企業　アンケート回答の約7割　2022年　経団連）

副業（複業）、兼業を認めている企業は「多様な働き方へのニーズの尊重」「自律的なキャリア形成」等効果を認めています。（経団連　副業・兼業に関するアンケート調査

2022年）

一方、副業を認めていない会社は「社員の労働時間が過剰になり本業に影響が出る可能性がある」という印象が強かったです。（リクルートキャリア　兼業・副業に対する企業の意識調査　2018年）

現状は副業（複業）、兼業を考えている人も含めて増えてきています。

①将来混沌とした社会にどのように対応していくのかを考えたとき、給与を確保することを目的にいきなり転職するよりは副業（複業）やボランティア、NPOなど現職を行いながら試してみることによってリスクを軽減することができます。（守りの追及）

②将来を考えた場合、何をしたらよいか模索してやってみる。将来の自分の入り口として考える。（可能性への追及）

何事も練習が必要です。ましてや社会に出て1社しか経験がない場合はなおさらです。その仕事はあまり好きではない。この仕事はなぜかうまくいく。この仕事は人より早くできる。その仕事は自分の存在感を感じられる。ほめられること、認めてくれることが多いように感じる。など日々仕事をしていると部分的にでもポジティブに何かを感じることがあると思います。

「私ブランド」について行動概念図を作りながら整理してみることです。日々の仕事上で周囲から「私ブランド」のヒントを投げかけられていることが結構あるのです。それをうまくキャッチすることです。複数の人から自分について同じようなことを言われたとなればそれはあなたの特長だと思います。そこにつながっている仕事がこの世の中にあるかもしれません。きっとあるのです。

いつも正確だね、仕事が早いね、いつも笑顔だねなど「いつも○○だね」を言われる人はそれが特長なのです。それが「私ブランド」なのです。

「人事、教育」を担当している人は「私ブランド」が「やる気にさせること、自律させること」と認識したならば連想ゲームをしてみてください。学校の先生もそうですし、コーチングのコーチもそうです。

①実際に短期の副業をやってみた

(ア)私は59歳になったときに、60歳定年後をどのように生きるかを考えた際に、キャリアコンサルタントとして再就職を心の中で早くから選択していましたが、本当に他社で通用するのか、他社ではどのようなことが必要なのか不安でした。

そのため、人材紹介会社で短期の顧問契約をし、実際にやってみました。

依頼があった企業はこじんまりとした企業で従業員は数名の会社でした。

経営者から従業員の現状を面談して考えを聴いてほしいというものでした。転職希望であればそれでもよし、残るのであればポジションを再考しなければならないとのことで、数名の会社ですので経営者も波風立つことを嫌い、外部の者に依頼したというわけです。

4回ほど企業訪問し、経営者、従業員一人ひとりと面談しました。

結果、経営者に対して満足のいく内容で円満にことが運ぶことができ、終了となりました。

自分の会社以外の人との面談、進め方など不安がありましたが、うまく進めることができ、自信にもなったわけです。

この案件を行ってキャリアコンサルタントとして他社への再就職を明確に決断いたしました。

何でも試してみることで自分に不足していることや自信につながること、自分の仕事へのスタイルなど新たに発見できるのです。

（イ）私の知人で企業の管理職ですが、現在コーチングを副業にしています。

きっかけは

①将来今の仕事を続けていくのかと考えたとき、まだ答えは出ていないが不安を感じた。

②大学卒業後、運動部のコーチ、後輩の就職支援を30年以上続けてきたが、現在57歳になり、時間的にも少し余裕ができ、将来公的な仕事をしたい、いままでの経験値を積み上げていきたい。

そのような理由から一念発起し、キャリアコンサルタント国家資格、コーチングの認定資格を取得し、会社にも申請し、晴れてコーチングを副業で始めました。

実際にコーチングをやってみての感想は「運動部のコーチや就職支援をしてきた答え合わせができた。今までのやり方、考え方は正しかった」ということです。

彼の「私ブランド」は「育てる、自律させる」です。現在の管理職でメンバーをいかに育てて業績を上げるか。運動部コーチも選手自身が自分で考え実践できるよう、育てることが彼の役割なのです。

まさにそれを今後仕事としてやっていこうと新しい活躍の場を広げたのです。

彼も50歳半ばで立ち止まって将来を考え、毎年計画を立てて資格取得をしています。

「私ブランド」がわかった人はその後計画的、戦略的に行動している人が多いです。

自分の可能性を広げることを考えるのです。

(ウ)私は30歳のときに人事に異動し、同時に母校就職部より学生の就職支援の依頼が来ました。

当初は学生約300人、OB、OG15人でスタートしました。

各教室で社会人になるとはどういうことか、エントリーシートの書き方、添削、面接の受け方、グループディスカッションの経験など多岐にわたるプログラムがあり、2日間を使って授業いたします。

受講した学生が後輩に伝えられ、徐々に人数が増えていき、コロナ禍前には最大学生約1300人、OB・OG約500人が参加しました。

学習院桜友会（OB・OG会）が大学とタッグを組んで30年以上続いています。

この2日間を行うために学習院桜友会の中にキャリア支援として学生支援委員会を組織し、さらに各分科会をつくり、毎月各役割での方向を論議し、月1回の全体会に起案し、決議します。

異なる企業に属するメンバーが先輩後輩関係なく議論し、毎年改善を行っていくわけです。

しかもボランティアです。

私が30年以上続いている理由はまずは仲間です。一つの目標に向かってみんなで取り組み、達成感、充実感を味わうことができることに喜びを感じました。

2つ目は議論の進め方、まとめ方で他社の事例をみられることです。後輩たちの新鮮な考え方を聴くことができます。

この組織の一員になることができたことは私の将来の方向性を明確にすることができたのです。原点なのです。

ボランティアでもチームで仕事をするわけですから各々の考え方や仕事の進め方が異なります。自分の立ち位置も明確になります。

2日間が予定通り成果になったときの達成感、充実感は他に替えがたいものがあります。何より学生が「私ブランド」を認識したときには表情に大きな変化が表れます。2日間でこんなに成長するのかといつも驚いています。

身近で例えば地域のお祭りの実行委員会とか消防団とか、昔の音楽仲間とか、目標を達成するためにチームで議論して進めていくことによって自分はどのような役割が向いているのか、どのようなことが長けているのか気が付くことがあります。

あるいはコーチングを副業にしている知人のように「今まで行ってきたことが理論的にも正しかった」と答え合わせをすることにより確信に変わることもあります。

将来が明るく生き生きとした人生を送ることができる可能性が広がります。

周りに流されることなく、少しずつでもご自身の性格に合わせて、まずは一歩進めてみませんか。

今は副業でも何年後かには本業になっているかもしれません。

それはすべてあなたの中にヒントがあるのです。

あとがき

誰も「悔いのある人生」は送りたがらないと思います。すべての人は幸せに、この人生は良かったと思いたいと願っているはずです。

ありがたいことに我々は平和な日々を過ごすことができており、その中で日々うまくいった、うまくいかなかったと感情をもって生活しています。その積み重ねが悔いがある、ないにつながっています。

執筆していて思うことがあります。

「悔いのない人生を送る人」、「悔いのある人生を送る人」、もう一人いるのではないかということです。

「何も特に感じない人」です。

多分、世の中に流されている人は「人生とはこういうものだ」と思って仕事や生活をしている人です。

人生の起伏がなく、過ぎていくと何も起こらない状態になります。それが普通の状態になると何も感じなくなると思います。

当然その都度の感情はあって喜怒哀楽はあるのですが、大きく変化がない、あるいは変化させないという生き方という人もいるのではないでしょうか。しかも多くの人数です。それが良い悪いといっているのではありません。

人生とはこういうものだと素直に受け入れる人かもしれません。

恐らく昔から存在していたのだと思います。

「仕方ないから働く」「何でも良いから働く」という人かもしれません。当然仕事だけが人生ではありません。他で喜びがあったり、充実しているのかもしれません。

ですが「仕方がないから働く」「何でも良いから働く」の「働く」をとってみるとどうでしょう。

「仕方ない」「何でもいい」

仕事以外でも特に自分から熱中することがない人は「何も特に感じない人生」になる可能性があるように感じます。

それを考えると「オタク」「推し」「マニア」という言葉で括られる人は幸せだと思います。

彼等は単に好きということでは語ることができないと思います。それだけ好きということは何がそうさせているのだろう。きっかけもあったと思うし誰もがそのことに関しては自分が一番よく知っていると思っているのではないでしょうか。

私が入社してすぐの頃、ある先輩に「君、他の人より詳しいものって何かある?」と聞かれたことがありました。私は答えに窮しました。何もなかったのです。その後も母校の就職支援を行うまでは何もありませんでした。

人事に異動し、母校の就職支援を行ったことにより、どういう人が採用されるのかを研究することができました。

「私ブランド」も見つかったのです。

「特に何も人生感じない」という人は「私ブランド」がわからないということも言えます。

生き生きとした人生を送るためには「仕方がない」「何でもよい」を失くし、「私ブランド」によってやはり将来あるべき姿を描くことだと思います。

そこには流される自分ではなく、仕掛けた結果、確信をもって歩むことができる自分がいると考えています。

少なくとも自分が納得した人生になると思います。

本書を読まれた皆さんが
「明日から何をしたらよいのかがわかった」
「早速〇〇をやってみよう」と自ら動き、生き生きとした人生を送ることを切に願っています。

私の人生の原点となった学習院桜友会学生支援委員会で長年にわたって活動し、現在も継続して活動されている上野彰氏、松浦理氏、柿沼由宣氏、加藤久晴氏、平野真理子氏、桃井潤氏、福島直功氏、斉藤美也子氏、山口義弘氏、池田雄太郎氏、寺田通成氏はじめ皆様に敬意と感謝をここに表します。

「私ブランド」を導く「魔法の質問」

❶「仕事をすることによってどのような良いことが手に入りますか？」
―仕事の意義は人生の基本です―

❷「周りの人にあなたのことを聞いたら何と言うでしょう？」
―他者からの見方は大事です―

❸「それが達成できたらどのような良いことが手に入りますか」
―その先には何がある―

❹「野球部で2番の打順はどのような役割ですか。それはご自身の性格には合っていると思いますか」―役割と性格の整合性―

❺「できると思われている人の行動はどのような行動でしょう？」
―その人にあこがれましょう―

❻「あなたは社内外にどなたか師匠（モデル）はいますか？その人はどのような人ですか？」―どのようなことにあこがれていますか―

❼「そのとき、あなたの師匠ならば、どのようなことをするでしょうね」
―判断に迷ったら―

❽「仕事を進める上で一番大事だと思うことは何ですか？」

―最も基本で大事です―

❾「あなたはどのようなときに成長を感じますか？」
―スキルアップを意識しましょう―

❿「現在のサークル（アルバイト）を行う前と後ではどのようなことが違いますか」―実施前と後の違いはとても大事―

⓫「会社を選ぶ基準は何ですか」―判断基準を考える―

⓬「した方が良いのにしていないこと、しなくても良いのにし続けていることは何ですか」―「まあいいか」にしていること―

⓭「グループで目標を達成したことは何ですか」
―みんなで喜んだ場面を思い出そう―

⓮「このリーダーが成功するために、あなたはどのような貢献ができるでしょう？」―貢献とは何でしょう―

⓯「チームリーダーとして一番大事にしていることは何ですか」
―役割の本質―

⓰「一緒に取り組んでいるメンバーは今のこの状態をどう感じているでしょうね？」―コミュニケーションの本質―

⑰「チームが達成したらあなたにはどのような意味がありますか」
ー仕事の意義・目的ー

⑱「あなたは長所を誠実と言われましたがそのようにふるまっていること
は何ですか」ー裏付捜査ー

⑲「あなたが困ったり、悩んだりしてSOSを発しているときに、
私たちはどこを見ておけば良いですか？」ー関わりの本質ー

⑳「仕事をしていて誰から何と声をかけられたら一番うれしいですか？」
ー究極の質問ー

㉑「これから仕事をしていく上で周りからどのような人と思われ
続けたいですか？」ーアイデンティティを考えるー

㉒「現在あなたは仕事（夢の実現等）をする上で何点つけられますか？」
ー自己採点の意味ー

㉓「来年同じことをするとして80点にするには何をしますか？」
ーこの質問は一番驚いたー

㉔「この半年で何を試しましたか」ーCANの輪の大きさを大きくする方法ー

㉕「そのときに戻ってご自分にアドバイスするとしたら何と言いますか」
―同じ過ちをしないために―

㉖「あなたはどこに向かっているのでしょう。そこにたどり着くためにこの5年でどのようなことができたら良いでしょう」
―意識することの大切さ―

㉗「仕事を進める上で絶対譲れないこととは何でしょう」
―こだわりは誰でももっている―

㉘「それは素晴らしいですね。そこまでできたのはなにがそうさせたのでしょうか」―あなたの「私ブランド」がそうさせた―

㉙「好きな言葉、大事にしている言葉は何ですか」―行動への影響力―

㉚「あなたは何をしている自分が好きですか？輝いている自分とはどのような場面ですか？」―キラキラしていた自分を振り返る―

㉛「あなたはどのような仕事が向いているのでしょうか？どこを見てそう思いますか？」―関連性、一貫性―

㉜「自分の良いところを10個お話ししてください」
―自分と向き合っていますか―

プロフィール
堀江 研（ほりえ・けん）
1959年生まれ 1982年学習院大学法学部卒
（株）カネボウ化粧品の営業、人事、支社長、人事カウンセリング担当を経て定年後キャリアコンサルタントとして活動。また、学習院大学にて学生の就職支援講師として30年以上携わってきた。一般財団法人雇用開発センター、（株）パソナでキャリアコンサルタント国家資格更新講習講師を担当。
国家資格・2級キャリアコンサルティング技能士
著書『内定獲得への近道』（同友館）

スキルアップ！キャリアコンサル
ナラティブカウンセリングで最強《さいきょう》になる
2024年4月30日　初版第1刷

著　者　堀江研
発行人　松崎義行
発　行　みらいパブリッシング
〒166-0003 東京都杉並区高円寺南4-26-12 福丸ビル6F
TEL 03-5913-8611　FAX 03-5913-8011
https://miraipub.jp　mail:info@miraipub.jp
編　集　塚原久美
ブックデザイン　清水美和
発　売　星雲社（共同出版社・流通責任出版社）
〒112-0005 東京都文京区水道1-3-30
TEL 03-3868-3275　FAX 03-3868-6588
印刷・製本　株式会社上野印刷所

ISBN978-4-434-33815-1 C0033